LIDERA AUDAZMENTE

QUÉ DICEN Y HACEN LOS LÍDERES

ILKA V. WILSON VALLEE

LIDERA AUDAZMENTE, 2023

Ilka@Ilkainternational.com
@ilkainternational
https://www.linkedin.com/in/ilka-v-Wilson-vallee-2561624a

@rubianoediciones

Primera edición: 2023
ISBN: 9781637608784

Coordinación editorial
Elisabel Rubiano
Diseño de cubierta
Danny O. @danny_media
Diseño gráfico
Nidia E. Megallon R.
Diagramación
Carmen Maura Peralta
Corrección
Elisabel Rubiano y Marianella Moreno

AGRADECIMIENTOS

Aunque el libro lleva mi nombre como autora, recluté la ayuda de muchos para terminar este libro a pesar de tantos obstáculos.

En primer lugar, doy gracias a Dios por la capacidad y la fortaleza para ser obediente y finalizar la tarea que me ha sido asignada de escribir este libro. Aunque no entendía el cómo, me centré en el qué. A él le doy toda la gloria y la honra.

También quiero agradecer a mi familia y amigos (ellos saben quiénes son) demasiados para mencionarlos. No solo me alentaron en este último desafío, sino que también me apoyaron y, lo más importante, oraron por mí. Me siento bendecida de estar rodeada de tantos animadores.

Envío mi más profundo agradecimiento a mi mentor, el Dr. Arturo López Malumbres, quien amable y alegremente accedió a escribir el prólogo de este libro. Es verdaderamente un honor contar con su respaldo y guía a lo largo de este viaje llamado vida. Ha impartido muchas enseñanzas sobre cómo liderar con la verdad, principios, valores y audacia. Estoy agradecida por su apoyo para estabilizar mis cimientos.

Por último, pero no menos importante, agradezco a mis correctores, la Dra. Brenda Onguti y Gabrielle Hagley, por su trabajo de amor para ayudarme a completar este proyecto. Tengo el honor de presentar este segundo libro de la serie “Qué dicen y hacen los líderes”. Ruego que sea una bendición para ustedes y los anime a liderar con la verdad, con valores y con audacia. Gracias por leer mi libro.

ÍNDICE

PRÓLOGO

Conocí a Ilka en 2018 mientras dictaba una conferencia para el gobierno panameño. Ella llegó como huésped de un gran amigo. Ilka acababa de lanzar su primer libro de esta serie titulada "*Qué dicen y hacen los líderes: Cómo inspirar a su tribu*". El título me pareció muy interesante y después de leerlo, su contenido también era excelente.

Desde ese entonces, hemos colaborado dictando conferencias de liderazgo y mujeres. Ilka es una líder que ha superado muchos retos y le apasiona ayudar a los líderes mundiales. Ella no para de brillar. Sigue ayudando a muchos de ellos, en todos los niveles, a transformar su gigante escondido. Ella misma ha tomado los pasos audaces para liberar su propio gigante, anclándose en sus principios y valores y tomando la decisión de liderar audazmente.

Este segundo libro de la serie "*Qué dicen y hacen los líderes*" nos desafía como líderes a dirigir audazmente. Mejor dicho, nos reta a liderar con la verdad, con principios y valores que no se encienden y apagan según nuestras circunstancias, sino que nos reta a que nos anclemos en nuestros principios y valores a toda costa.

En el libro, Ilka cubre temas que nos lleva a pensar más allá de nuestra propia existencia, tales como: cómo liderar audazmente, cómo liderar audazmente con humildad, líderes audaces de la Biblia y el mundo, cómo superar obstáculos como precedente para liderar audazmente, dejando un legado audaz y orar con audacia como líder, por mencionar algunos. Sé que este libro le ayudará a transformar su vida y lo alentará a liderar audazmente a toda costa. ¡Disfrute de la jornada!

El Dr. Arturo López Malumbres es un orador de renombre internacional cuya elocuencia transmite de manera efectiva mensajes que cambian la vida y cuyos principios encuentran éxito en todo lo que hace. Es experto en conducta humana y cuenta con más de 30 años de experiencia en el asesoramiento empresarial. A través de este trabajo, ha identificado los principales problemas culturales, paradigmas y miedos que han frenado el desarrollo de los países de la región latinoamericana. Ha dirigido programas en más de 20 países de América Latina, Europa y Estados Unidos.

Dr. Arturo López Malumbres
Instituto Malumbres
https://arturolopezmalumbres.com

INTRODUCCIÓN

Mientras reflexiono sobre mi viaje como líder, una cosa se destaca: la audacia no es solo un rasgo, es una forma de pensar que hace posible lograr grandes cosas. He visto cómo liderar con audacia me ha empujado más allá de mis propios límites percibidos y a asumir desafíos con una convicción inquebrantable. Esto desencadenó un cambio y una transformación significativa en áreas que no podía imaginar que ocurrieran en esta etapa de mi vida. Con ello en mente, los invito a unirse a un viaje de descubrimiento que analizará las profundidades del liderazgo y las increíbles posibilidades que cada uno de nosotros tiene cuando da un paso adelante audazmente. En las páginas que siguen, llegaremos al corazón de lo que significa liderar audazmente, una idea que va más allá de las formas típicas de liderar. Se trata de salir de tu zona de confort, ir en contra de la norma y ser lo suficientemente valiente como para perseguir la grandeza. Es un proceso de evolución hacia su mejor yo posible y darse cuenta de que todo lo que hace o logra no es para beneficio propio sino para el beneficio y el impacto de los demás. Requiere enfocarse en lo MÁS GRANDE, minimizando los intereses personales y rindiéndose a una autoridad superior a uno mismo. Cuando lideras audazmente, aceptas la incertidumbre, superas los obstáculos, perdonas rápidamente y eliges un camino que deja una huella duradera en el mundo.

El liderazgo audaz no es una tarea para unos pocos elegidos; es un llamado que impregna los corazones de todos los que quieren hacer una diferencia significativa. Es un llamado a ir más allá del promedio, desafiar el *status quo* y crear un legado duradero que dé forma al mundo. A veces se requerirá coraje para pararse solo y permanecer firme, inquebrantable en su compromiso con la verdad.

En este libro profundizaré en la sabiduría, las herramientas, las lecciones y el conocimiento que he aprendido a través de la experiencia personal y las invaluables enseñanzas de quienes me han inspirado. Juntos, encontraremos los principios y estrategias claves para ayudarlo a aceptar su audacia interior y alcanzar su máximo potencial de liderazgo. A través de historias atractivas, ejemplos del mundo real y tareas que invitan a la reflexión, exploraremos los cambios de mentalidad necesarios y las habilidades necesarias para liderar con coraje y audacia. Notará temas recurrentes a lo largo de este libro, así que, asegúrese de prestarles mucha atención.

A medida que trazamos el camino hacia un liderazgo audaz, profundizaremos en la importancia de aceptar la pérdida, desarrollar la resiliencia y aceptar su ser auténtico. Mantenerse fiel a las propias creencias y valores es primordial para los líderes, ya que conduce a una toma de decisiones impactante y fomenta un mundo mejor para todos. Para liderar audazmente, es esencial anclarse, en su verdadera identidad en Cristo.

Aprender a liderar audazmente es un viaje de por vida que pone en marcha la transformación de un nivel al siguiente porque te niegas a permanecer estancado. El crecimiento es parte de su ADN.

La reciente pandemia mundial nos tomó por sorpresa y todos nos vimos obligados a adaptarnos de alguna manera y liderar creativamente. Mientras lee este libro, lo insto a que reflexione sobre los pasos audaces que tomó para superar cada desafío que se le presentó. No me sorprenderá que descubra que gran parte de lo que logró se alinea con los conocimientos compartidos aquí, al tiempo que descubra herramientas valiosas adicionales necesarias para abrazar una vida en la que conduce audazmente de manera constante. Los desafíos que enfrentamos hoy, que van desde la crisis global imprevista hasta las interrupciones tecnológicas y varios problemas sociales, raciales y económicos, exigen una marca de líderes que sean abnegados, que tengan un corazón servicial y sean audaces. Estos desafíos exigen líderes que se mantengan fieles a sus creencias y valores y tomen decisiones difíciles para iniciar el cambio, abrazar la libertad del pasado y practicar el perdón.

A medida que comenzamos este viaje, juntos, le animo a estar abierto a lo que no sabe, superar sus límites y creer en su capacidad para transformarse y marcar una diferencia significativa. Para liderar audazmente, la imprudencia o el actuar por impulso, es innecesario. En cambio, aproveche la guía del poder interno del Espíritu Santo que trabaja en usted, aproveche sus habilidades únicas y tome la decisión consciente de dar un paso hacia la grandeza.

Escribo este libro para desafiar a cada uno de ustedes a vivir audazmente y guiarse por la verdad, a elegir audazmente ser la chispa que rompa las maldiciones generacionales y convertirse en el cambio que su alma anhela. Mi esperanza es que la lectura de este libro lo inspire a convertirse en un líder excepcional, equipado con las herramientas necesarias para dejar un legado que perdure más allá de su vida aquí en la tierra. Profundice y encuentre el coraje para liderar audazmente hoy. ¡Es más audaz de lo que piensa y su legado vale la pena!

I
COMPRENDER EL LIDERAZGO AUDAZ

"El desafío del liderazgo es ser fuerte, pero no grosero; ser amable, pero no débil; ser audaz, pero no un matón; ser reflexivo, pero no perezoso; ser humilde, pero no tímido; ser orgulloso, pero no arrogante; tener humor, pero sin locura". —Jim Rohn.

Comencemos definiendo "audaz". Ser audaz es intrepidez frente al peligro, confianza o coraje asegurados, o voluntad de asumir riesgos. El liderazgo audaz se distingue inherentemente por las características fundamentales de coraje y confianza inquebrantables, y voluntad de asumir riesgos. Estos rasgos únicos permiten a los líderes crear un impacto positivo y duradero en sus vidas, familias, comunidades y organizaciones.

En 2014, involuntariamente comencé mi viaje para descubrir estos rasgos distintivos de liderazgo audaz. Encontré desafíos en tres áreas importantes de mi vida: salud, relaciones y vocación. Me diagnosticaron una forma rara de cáncer y me sometí a una cirugía mayor y quimioterapia. Al mismo tiempo, mi matrimonio y mi vida familiar, tal como los conocía, comenzaron a disolverse, lo que me llevó a cuestionar mis opciones de carrera y relación después de más de dos décadas de lo que había percibido como una vocación y un matrimonio exitosos y satisfactorios. Esta realidad me sacudió, haciéndome reconocer la necesidad de establecer nuevas prioridades, comenzando con mi salud. Así comenzó el viaje de tomar decisiones difíciles con coraje y confianza inquebrantables y voluntad de aceptar el riesgo. Renuncié a mi cargo electo en la comunidad y a mi función de servidor público de alto perfil. Con gran pesar, también decidí divorciarme para cuidar de mí y de todos los involucrados.

Como alguien que nunca se da por vencido con nadie ni con ninguna causa, estas decisiones no fueron nada fáciles. Sin embargo, tenía que ser audaz. Al tomarme un tiempo para descansar y reflexionar (órdenes del médico), quedó claro que estas decisiones no se trataban únicamente de mí; impactaron a un grupo más grande de personas. Reconocí que, aferrarme a lo familiar mientras pasaba por estos eventos importantes de la vida, obstaculizaría mi eficacia en todas las áreas de la vida. A pesar de la incertidumbre del futuro, sabía que estas eran las decisiones correctas y audaces por el bien de todos los involucrados. Con el tiempo, estas decisiones ayudaron a transformar mi dolor en propósito. Este despertar trajo claridad: entendí que gran parte de lo que hacemos no se trata únicamente de nosotros mismos. Hubiera sido injusto para los demás si me aferraba, incapaz de desempeñarme de manera óptima. Mientras tomaba estas decisiones, un amigo, James Cooper, escribió una cita que resonó profundamente en mí y que creo que encarna la esencia de la audacia dentro de cada uno de nosotros: "Avanzarás cuando la gravedad de tu futuro se vuelva más pesada que el peso de tu pasado". Puedo dar fe de que la gravedad de mi futuro se volvió más importante y me ayudó a reunir el coraje para tomar algunas de las decisiones más difíciles que he enfrentado hasta la fecha. Pero, lo que es más importante, hoy veo más claramente que un poder superior me guio a través de cada decisión difícil, una por una. El Espíritu Santo me instruyó y tomé el paso audaz y valiente de obedecer, aunque no comprendía completamente el impacto y la urgencia de mis decisiones.

A través de esta experiencia personal, así como de otras instancias de mi vida, y de las observaciones de grandes líderes (tanto en mi propia vida como en las que he estudiado), he llegado a reconocer varias características que distinguen a los líderes audaces.

1. Visión y propósito

Los líderes audaces poseen la capacidad de visualizar un futuro inspirador más allá de las circunstancias actuales. Desafían sin miedo el *status quo* improductivo, piensan fuera de la caja y empujan continuamente los límites de lo que es posible, abrazando el cambio de todo corazón. Defienden nuevas ideas que impulsan transformaciones significativas y positivas, al mismo tiempo que exudan una humilde confianza y tratan eficazmente las dudas.

Los líderes audaces entienden la importancia de una visión clara y pueden comunicarla de manera efectiva, inspirando a otros a trabajar juntos para lograrla. Además, un líder con un sentido de propósito está motivado por algo más que el éxito personal o la riqueza; está motivado por la búsqueda del bien de la mayoría y, por lo tanto, puede resistir la tentación en el camino. Comprender por qué hace lo que hace, guía sus elecciones y acciones. Sus ideas son innovadoras, con visión de futuro y, a menudo, desafía el pensamiento convencional, lo que lleva a cambios transformadores dentro de las comunidades en las que influye. Anclado en su "verdadero norte", genera ideas atrevidas y fomenta la innovación. El propósito y la convicción sirven como anclas firmes para los líderes audaces.

Proverbios 29:18 es un recordatorio de que "Donde no hay revelación, el pueblo se desenfrena; pero dichoso el que guarda la ley". La versión amplificada de este mismo versículo lo dice así: "Donde no hay visión [no hay revelación de Dios y su palabra], el pueblo anda desenfrenado; pero dichoso y bendito es el que guarda la ley [de Dios]". (Proverbios 29:18 (AMP)). Este principio puede extenderse a empresas, organizaciones y familias, donde la falta de claridad en el propósito y la dirección pueden conducir al desorden y la inestabilidad. Las razones egoístas o una mentalidad de "yo primero" pueden socavar la estabilidad de cualquier esfuerzo. El liderazgo no es egoísta; siempre debe considerar el bien de la mayoría: "lo que hay para nosotros" (WIIFU, por sus siglas en inglés) versus "lo que hay para mí" (WIIFM, por sus siglas en inglés)..

Mientras reflexiona sobre sus propias experiencias, considere a los líderes impulsados por un propósito. Son apasionados y están dedicados a marcar una diferencia positiva, ya sea en su empresa, comunidad, organización o familia, y esto inspira a otros. Los líderes audaces lideran con el ejemplo, alineando sus acciones con sus valores. Ven el panorama general, establecen metas ambiciosas y movilizan a otros para trabajar de manera cohesiva hacia la meta común. Su mentalidad impulsada por un propósito garantiza que las decisiones se basen en la ética y los valores, fomentando transformaciones duraderas porque su base es segura.

2. Valiente / Dispuesto a tomar riesgos

Los líderes audaces no tienen miedo de salir de su zona de confort y tomar riesgos medidos. Saben que el progreso, a menudo, exige explorar un territorio desconocido y cuestionar el pensamiento convencional. Están dispuestos a tomar decisiones difíciles, incluso, si pueden encontrar reveses, ya que su enfoque sigue siendo lograr el bien común.

Aun en medio de la incertidumbre, los cambios rápidos y/o las voces disidentes, los líderes audaces mantienen la confianza en su propósito y convicción, especialmente cuando se trata de decir la verdad (de acuerdo con la palabra de Dios). Navegan por su camino con determinación y están dispuestos a tomar decisiones difíciles y establecer objetivos claros. Su claridad de visión les permite enfocarse en el panorama general mientras confían en el proceso y dan cada paso con una creencia inquebrantable, entendiendo que sus acciones pueden diferir de la norma o carecer de apoyo popular, pero son necesarias para impulsar cambios significativos, logrando metas audaces y encendiendo la transformación.

La cita de James Cooper, citada al comienzo de este aparte, me inspiró profundamente a emprender acciones audaces y tomar decisiones difíciles para impulsar el progreso y lograr varias metas. Me enseñó la importancia de salirse uno mismo de la ecuación y centrarse en el bien común, lo que permite una toma de decisiones rápida y segura. Aunque buscar comentarios y consejos es valioso, hay momentos en los que te das cuenta de que ciertas decisiones son críticas y urgentes. El liderazgo audaz requiere agudizar el propio instinto y experiencia para comprender el tiempo y la priorización a fin de hacer primero lo primero. Las acciones, no solo las palabras, impulsan el movimiento hacia adelante. La capacidad de un líder para tomar decisiones empodera a sus equipos para moverse con claridad y propósito. Liderar audazmente requiere reconocer el poder de la toma de decisiones. La indecisión puede causar retrasos constantes, lo que dificulta el progreso.

3. Resilientes y adaptables.

Los líderes audaces son fuertes y adaptables, una combinación poderosa que les permite prosperar durante temporadas difíciles y aceptar el cambio. Aprenden el arte de la reinvención y mantienen un sentido de humildad, lo que les permite aprender nuevas habilidades y permanecer abiertos a reiniciar y comenzar de nuevo. Poseen la capacidad de recuperación para volver a levantarse, incluso, después de un contratiempo. La audacia se revela cuando te enfrentas a una situación crítica que puede desencadenar un pánico inicial pero logras recuperar la compostura y mantener la calma, reconociendo que lo que está sucediendo es simplemente una retroalimentación y una oportunidad para crecer y aprender. Imagínese tomar esta valiente postura una y otra vez y el impacto positivo que tendría en su tribu. Imagine que otros son testigos de una firme respuesta a un gran desafío, inspirándolos a aceptar el cambio, mantenerse flexible durante los períodos de incertidumbre y reconocer que un solo cambio no es permanente porque siempre hay más cambios por delante.

Además de ser resilientes frente a los desafíos, los líderes audaces abrazan el poder del perdón. Incluso ante las ofensas más escandalosas, nunca dudan en evaluar y crecer en su capacidad de perdón porque son conscientes de que ahí está la libertad.

4. Constructor de equipos y jugador de equipos

Los líderes audaces entienden el poder del trabajo en equipo y reconocen que trabajar juntos produce mejores resultados que trabajar separados. Los líderes audaces cultivan un entorno de diálogo abierto, colaboración y mejora continua. Empoderan a sus equipos con apoyo y orientación al tiempo que les permiten hacer las cosas por su cuenta, pensar de forma independiente, probar cosas nuevas y ampliar los límites de lo que es posible. Reconocen las diversas ideas, habilidades y conocimientos que aporta cada miembro del equipo y aprovechan esta diversidad para desarrollar soluciones creativas y fomentar la innovación para el beneficio colectivo.

Creen que este proceso conduce al crecimiento personal y la transformación positiva entre los miembros del equipo. Los líderes audaces son similares a los padres que envían con confianza a sus hijos adultos jóvenes, por su cuenta, porque saben que han equipado a sus hijos/miembros del equipo con las herramientas esenciales para tener éxito. Si bien es posible que no siempre apoyen completamente todas las decisiones de su equipo a lo largo del camino, los líderes audaces tienen fe en que se aprenderán lecciones valiosas rápidamente y la sabiduría impartida guiará al miembro del equipo por el camino correcto y le permitirá encontrar su equilibrio. Fomentar el pensamiento independiente, delegar responsabilidades y brindar oportunidades de crecimiento es un punto fuerte de los líderes que están dispuestos a dirigir audazmente y que se esfuerzan por construir futuros líderes con la misma audacia.

Los líderes audaces valoran escuchar activamente, respetan las contribuciones de cada persona y se aseguran de que todos sientan que sus puntos de vista se han escuchado y apreciado dentro de la comunidad que crean. Sirven como defensores de la equidad, modelando este valor en todo el equipo. Este enfoque alienta a todos los miembros, incluido el líder, a esforzarse por alcanzar su máximo potencial.

5. Aprendiz continuo.

Los líderes audaces poseen una mentalidad de crecimiento y nunca dejan de aprender. Son aprendices de por vida, que reconocen el valor de obtener conocimientos de quienes los precedieron y de quienes los siguen. Adoptando la idea de que siempre hay algo nuevo que aprender, mantienen la mente abierta. Buscan activamente oportunidades para ampliar sus conocimientos, se mantienen actualizados sobre los cambios en su campo y experimentan con ideas nuevas. Fomentan un entorno en el que se animan a probar cosas nuevas, se celebran las ideas creativas y se abrazan los límites de la posibilidad.

Aunque es beneficioso conectarse únicamente con personas de ideas afines, tener acceso a una variedad de opiniones e ideas que desafían y amplían el pensamiento de uno es aún más ventajoso. Los líderes audaces entienden la importancia de la diversidad y la inclusión, creando entornos abiertos a diferentes ideas, antecedentes y experiencias, creando oportunidades para aprender y crecer. Aceptar esta diversidad aprovecha el poder de diferentes perspectivas, lo que conduce a soluciones más innovadoras y fomenta una cultura inclusiva.

Hasta en medio del fracaso, estos líderes no se desaniman y ven las pérdidas como una retroalimentación invaluable para el crecimiento y el aprendizaje. Uso intencionalmente la palabra “retroalimentación” porque obtuve información valiosa de uno de mis entrenadores, quien enfatizó que podemos elegir ver las cosas como “fracaso” o “retroalimentación”. Al ver los resultados indeseables como retroalimentación, reducimos el miedo al fracaso y creamos espacio para proceder con audacia en la vida. Además, para aquellos que tienen fe en Dios, podemos ser audaces en nuestra seguridad de que, en última instancia, todo funciona para nuestro bien, incluso si su propósito no está claro. Romanos 8:28 afirma hermosamente esta promesa: "Y sabemos que a los que aman a Dios, todas las cosas les ayudan a bien". Note la certeza en la palabra "saber", no simplemente "pensar" o "tal vez". Con esta seguridad, se puede fomentar una mentalidad de aprendizaje continuo, experimentación y mejora, cada día.

En línea con esto, los líderes audaces dedicarán tiempo a la introspección, a conectarse con sus valores, a nutrir los cimientos que definen su identidad y a anclarse firmemente en quienes son. Hay una canción de la película *Madagascar* titulada "I Like to Move It" ("Quiero moverlo") en español, que a menudo toco para mí y la comparto con algunos de mis clientes. Sirve como un recordatorio para no quedarse estancado. Independientemente de los desafíos que encuentre, reconózcalos, siéntese con ellos por un momento y luego siga adelante. Me he dado cuenta de que este proceso, en sí mismo, exige audacia.

La dedicación de los líderes audaces al crecimiento personal y profesional alienta a otros a aprender y adaptarse al cambio, lo que eventualmente conduce a una mejora continua que no tiene fecha de vencimiento.

6. Liderazgo audaz y fe.

El liderazgo audaz y la fe son dos conceptos que están entrelazados. Los líderes que poseen una fe firme en sus creencias y valores, exhiben de forma natural, audacia en la toma de decisiones. La fe otorga a los líderes el coraje que necesitan para asumir riesgos, tomar decisiones difíciles y defender lo que creen. Si me pregunta si la fe es un requisito previo para liderar audazmente, le respondería afirmativamente. El liderazgo, por su propia naturaleza, implica guiar a otros hacia un destino que aún no pueden percibir. Hebreos 11:1 comunica mejor esta verdad: "Es, pues, la fe, la certeza de lo que se espera, la convicción de lo que no se ve". Este versículo resuena profundamente con la esencia del liderazgo audaz, enfatizando que la fe es la sustancia fundamental sobre la cual se construyen las aspiraciones visionarias.

Como líder, su visión puede superar la realidad actual. Hebreos 11:3 aclara aún más el poder de la fe: "Por la fe entendemos que el mundo fue ordenado por la palabra de Dios, de modo que las cosas que se ven no fueron hechas de cosas que son visibles". La fe inquebrantable sirve como un faro que te anima a superar los desafíos, a navegar a través de lo desconocido confiando de todo corazón en el proceso hasta que veas que la visión se hace realidad. Con total transparencia, comparto este sentimiento después de haber experimentado una lucha similar mientras escribía este libro especialmente para usted. Cuando los líderes poseen una fe inquebrantable en sus creencias y valores, naturalmente exhiben audacia en todo lo que hacen. Si bien algunos pueden etiquetar esta audacia audaz como "loca", es, de hecho, una postura valiente y un firme compromiso de defender las propias convicciones, impulsada por una visión descargada por el Espíritu Santo o impulsada por un propósito inquebrantable.

Un ejemplo de un líder audaz que fue guiado por la fe es el Dr. Martin Luther King, Jr. Su fuerte fe cristiana y su creencia en el poder de la resistencia no violenta lo empoderaron para liderar audazmente el movimiento de derechos civiles con valentía y convicción. El audaz liderazgo del Dr. King inspiró a millones a buscar la igualdad y la justicia. Incluso, hoy en día, su legado sigue vivo, ejemplificado por un día feriado dedicado a él en los Estados Unidos. Considera que esto es lo que está haciendo en esta temporada: construir algo que le sobreviva. Abrace la visión, incluso cuando parezca intangible e inalcanzable. Su fe le ayudará.

II

LIDERA AUDAZMENTE CON HUMILDAD

"¿Quieres levantarte? Comienza por descender. ¿Planeas una torre que atravesará las nubes? Echa primero los cimientos de la humildad". —San Agustín.

Liderar audazmente es liderar con humildad. Este enfoque enfatiza la importancia de la mansedumbre para guiar a las personas. Si bien un líder audaz exuda confianza y asertividad, también es humilde y está dispuesto a aprender de los demás. Nadie puede poseer un conocimiento exhaustivo. La verdadera humildad se demuestra cuando un líder, que puede ser un experto reconocido en un campo determinado, puede escuchar la enseñanza de otra persona, que tal vez no tenga el mismo nivel de experiencia, y busca la oportunidad de obtener nuevos conocimientos. Liderar audazmente con humildad también significa tener la fuerza para reconocer cuando uno carece de conocimiento, la voluntad de admitir estar equivocado y la disposición a colaborar con otros para encontrar las mejores soluciones.

Un principio rector que nos rige proviene de Romanos 12:3: "Digo, pues, por la gracia que me es dada, a cada cual que está entre vosotros, que no tenga más alto concepto de sí que el que debe tener, sino que piense de sí con cordura, conforme a la medida de fe que Dios repartió a cada uno". Este versículo nos recuerda acertadamente que mantengamos una evaluación equilibrada de nuestras habilidades, reconociendo nuestras limitaciones y valorando el aporte de los demás, cultivando así un ambiente de respeto, crecimiento y éxito colectivo.

A veces me pregunto: "¿Quién soy yo para no vestirme de humildad?". Cristo, el mejor ejemplo de liderazgo, optó por adoptar una posición humilde para resolver nuestros problemas. Escogió la obediencia y entregó su vida por nuestras transgresiones. En lugar de buscar ser servido, optó por servir a los demás desinteresadamente. Reflexionar sobre este increíble ejemplo me mantiene sobria, humilde y agradecida, y me anima a elegir constantemente ser un líder servidor. Filipenses 2:5-8 habla de esto: "Haya, pues, en vosotros este sentir que hubo también en Cristo Jesús, el cual, siendo en forma de Dios, no estimó el ser igual a Dios como cosa a que aferrarse, sino que se despojó a sí mismo, tomando forma de siervo, hecho semejante a los hombres; y estando en la condición de hombre, se humilló a sí mismo, haciéndose obediente hasta la muerte, y muerte de cruz". Que justificación más poderosa para elegir liderar humildemente dentro de tu audacia.

El concepto de liderar audazmente con humildad no es nuevo. Se ha enseñado en modelos comerciales tradicionales y se ha extendido a industrias nuevas y emergentes como la tecnología. En el sector de la tecnología de ritmo acelerado, donde la innovación reina suprema, los líderes que adoptan la colaboración y se mantienen receptivos a aprender de los demás, tienden a lograr el mayor éxito. Dicho esto, aquí hay algunos consejos para que los considere:

Ante todo, la humildad no es debilidad. Repito, LA HUMILDAD NO ES UNA DEBILIDAD. Más bien, requiere una gran cantidad de fuerza y coraje para reconocer cuando le falta conocimiento o para buscar ayuda cuando la necesite. Es especialmente más difícil mostrar vulnerabilidad cuando tiene el papel de ser la persona fuerte y asesora de muchos. A veces, revelar sus propias debilidades y vulnerabilidades, le humaniza a los ojos de su tribu. Les hace ver que usted también tienes limitaciones y no es una figura “sobrehumana”.

En segundo lugar, es más probable que los líderes humildes, transparentes y abiertos a la retroalimentación, cultiven una cultura de confianza y respeto dentro de sus círculos. Esto allana el camino para una mejor comunicación, una mayor productividad, un sentido de camaradería y una mayor satisfacción laboral, todo lo cual fomenta la confianza y la conexión dentro de su tribu y aumenta su disposición y entusiasmo para colaborar.

En tercer lugar, liderar con humildad significa reconocer y apreciar la diversidad de perspectivas dentro de su tribu/círculo y comunidad. Al escuchar activamente y considerar varios puntos de vista, los líderes pueden tomar decisiones más informadas y crear un ambiente de trabajo más inclusivo. Al alentar a las personas a las que dirige o asesora a compartir sus conocimientos y habilidades, abre la puerta a nuevas ideas e innovaciones que tal vez no se le hayan pasado por la cabeza y ayuda a generar confianza en su equipo. Aceptar la diversidad con humildad, sin duda, muestra el mantra de ser “más fuertes juntos que separados”.

Liderar audazmente con humildad le recuerda que el liderazgo no se trata de uno, sino de algo mucho más grande que un individuo. Por lo tanto, lo obliga como líder a fomentar una cultura en la que los empleados se sientan genuinamente valorados y apreciados. También sirve como un poderoso catalizador, inspirando a su tribu a hacer lo mismo y, en última instancia, culminando en una cultura y una comunidad de trabajo más cohesiva y productiva. De hecho, la humildad puede ser la semilla que nutre la unidad dentro de una organización, comunidad o familia.

Liderar con humildad no significa que los líderes eviten tomar decisiones difíciles o asumir riesgos. Más bien, exige abordar estas situaciones con una mente abierta y la voluntad de aprender de cualquier error potencial que pueda ocurrir.

Cada organización y cada líder se enfrentan a su propio conjunto único de desafíos y circunstancias. Sin embargo, al abrazar de todo corazón el principio de la humildad, los líderes pueden generar confianza, fomentar la colaboración y crear un entorno de trabajo inclusivo y eficaz. Estos efectos positivos pueden extenderse a su entorno familiar, beneficiándose de tal manera, a sí mismos y a quienes los rodean. Como nos recuerda 1 Pedro 5:6-7: “Humillaos, pues, bajo la poderosa mano de Dios, para que él os exalte cuando fuere tiempo; echando toda vuestra ansiedad sobre él, porque él tiene cuidado de vosotros”.

III

LÍDERES AUDACES EN LA BIBLIA

"Una de las marcas especiales del Espíritu Santo en la Iglesia Apostólica fue el espíritu de audacia". —AB Simpson.

La Biblia ofrece innumerables ejemplos de personas que demostraron valor, convicción y voluntad de correr riesgos para llevar a cabo los planes de Dios. Estos ejemplos de líderes audaces en la Biblia han sido una tremenda fuente de inspiración para mí. Sus historias han dejado una marca duradera en mi vida y moldearon mi forma de pensar y abordar el liderazgo. Desde el Antiguo Testamento hasta el Nuevo Testamento, la fe, el coraje, la audacia y la determinación inquebrantables de estos líderes han cambiado el curso de los acontecimientos y han hecho avanzar el reino de Dios. Sus historias me han motivado a seguir adelante ante el miedo, el trauma o las dudas sobre mí misma, lo que me ha dado poder para hacer lo que estoy llamada a hacer, independientemente de los desafíos que puedan surgir. Las historias de líderes audaces en la Biblia no solo son cautivadoras, sino que también imparten lecciones valiosas para nosotros hoy.

Jesús

Comencemos con el líder más grande, Jesús. Jesús es ampliamente considerado como uno de los líderes más audaces de la historia. Fue una figura carismática que inspiró a sus seguidores a vivir una vida de amor, compasión y humildad. Desafió sin miedo el *status quo* de su tiempo al predicar un mensaje transformador de paz, gracia y perdón, y se enfrentó a las autoridades religiosas y políticas. Entre los ejemplos más notables del liderazgo audaz de Jesús estaba su voluntad de sacrificarse por el bien de sus creencias. A pesar de conocer la oposición y la persecución que enfrentaría, no retrocedió. Su último sacrificio en la cruz se ha convertido en un símbolo perdurable de abnegación y valentía en todo el mundo.

Otro aspecto del liderazgo de Jesús que lo distinguió fue su habilidad incomparable para conectarse con personas de todos los ámbitos de la vida. Se acercó a los pobres, los marginados y los segregados de la sociedad, demostrando que todos merecían amor y respeto. Además, desafió a sus seguidores a hacer lo mismo: amar a su prójimo como a sí mismos, tratar a los demás con la misma amabilidad con la que les gustaría ser tratados.

El liderazgo audaz de Jesús ha tenido un impacto duradero en el mundo. Sus enseñanzas de amor, compasión y humildad continúan inspirando a personas de todas las religiones y orígenes hasta el día de hoy. Su legado de liderazgo visionario sirve como un poderoso recordatorio de que una sola persona puede marcar una gran diferencia en el mundo. Recuerdo que un alto ejecutivo, uno de mis clientes, me preguntó quién pensaba que era el mejor líder. Respondí, "Jesús", sin dudarlo. Sonrió, probablemente porque no esperaba esta respuesta. Pero Jesús representa innegablemente la audacia en la acción, y llama a quienes lo siguen a caminar por el mismo camino.

Moisés

A continuación, exploremos brevemente al notable líder, Moisés, cuyo increíble viaje de liderazgo se comparte en el libro de Éxodo. Fue llamado por Dios para guiar a los israelitas, un pueblo oprimido, de las garras de la esclavitud en Egipto a la Tierra Prometida. El audaz liderazgo de Moisés brilló cuando valientemente se enfrentó al faraón y exigió la liberación del pueblo de Dios, a pesar de que no estaba seguro de sus propias habilidades. También guio a los israelitas, quienes, a pesar de haber sido liberados físicamente de la esclavitud, permanecieron cautivos del miedo mientras viajaban por el desierto durante 40 años. No era perfecto y enfrentó muchas luchas personales, pero permaneció fiel al llamado de Dios. El liderazgo de Moisés nos enseña sobre la importancia de la obediencia, la fe y la perseverancia. Su historia también sirve como un poderoso testamento de la gracia de Dios en nuestras vidas.

David

Otro líder audaz fue David, un humilde pastor ungido por Dios para convertirse en rey de Israel. Su audaz liderazgo no comenzó cuando se convirtió en rey, sino que surgió cuando aún era un humilde pastor. Armado únicamente con una honda y una piedra, salió con coraje para matar a Goliat, el gigante que se había burlado del ejército de Israel durante muchos días. A lo largo de su vida, la fuerte fe de David en Dios lo ayudó a superar numerosos obstáculos y desafíos. A pesar de ser llamado "un hombre conforme al corazón de Dios", no estuvo exento de culpa. Reconoció sus errores con humildad y buscó el arrepentimiento. El ejemplo de liderazgo de David nos enfatiza la importancia de la humildad, el arrepentimiento y la confianza en Dios. Demostró un interés genuino por su gente y estuvo dispuesto a arriesgar su vida para protegerlos. La historia de David nos recuerda que, independientemente de tus antecedentes, Dios puede usarte para lograr grandes cosas. Puedes enfrentarte a tus «gigantes» con confianza, seguro de la presencia de Dios que te empodera. Como dice perfectamente 1 Samuel 17:45: "[Un obstáculo puede] venir contra mí con espada y lanza, pero yo vengo contra ti en el nombre del Señor Todopoderoso".

Ester

Ester, es ampliamente reconocida como una de las líderes femeninas más valientes y decididas de la Biblia. Saltó a la fama gracias a una combinación de inteligencia, ingenio y valentía. Enfrentada a una decisión difícil, decidió arriesgar su propia vida al revelar su verdadera identidad al rey persa para salvar a su pueblo. A través de la sabiduría, el coraje y el favor divino, convenció con éxito al rey de que perdonara a los judíos. Su legado como líder audaz y con principios sigue vivo y continúa sirviendo como fuente de inspiración para que generaciones de mujeres y hombres defiendan lo que es correcto y justo, incluso en medio de algunas dudas. "Porque si callas absolutamente en este tiempo, respiro y liberación vendrá de alguna otra parte para los judíos; mas tú y la casa de tu padre pereceréis. ¿Y quién sabe si para esta hora has llegado al reino?" (Ester 4:14).

Pablo

Pablo fue un líder excepcionalmente audaz que intrépidamente difundió el mensaje de Jesucristo por todo el Imperio Romano. A pesar de las numerosas adversidades y persecuciones que enfrentó durante su ministerio, se mantuvo firme en su fe y continuó predicando el evangelio hasta su muerte. El liderazgo de Pablo se caracterizó por su pasión por compartir el evangelio y su compromiso inquebrantable con Jesucristo. La historia de Pablo nos enseña sobre el poder de la convicción, la importancia de la perseverancia y la necesidad de compartir el evangelio con los demás. Su ejemplo nos anima a mantenernos firmes en nuestra fe y a compartir con valentía las buenas nuevas de Jesús con quienes nos rodean. "Y entrando Pablo en la sinagoga, habló con denuedo por espacio de tres meses, discutiendo y persuadiendo acerca del reino de Dios". (Hechos 19:8).

A medida que continúe leyendo este libro, tómese un momento para reflexionar sobre esta pregunta: ¿Está tomando medidas deliberadas para destacarse como líder? ¿No como lo que representa el mundo, sino como alguien que lidera con un corazón de siervo? ¿Está creando activamente un legado que inspire a otros y del que pueda estar realmente orgulloso? Estos cinco líderes, Jesús, Moisés, David, Ester y Pablo, son algunos ejemplos de los muchos líderes audaces y valientes que se encuentran a lo largo de la Biblia, que probablemente puedan responder un rotundo "sí" a estas preguntas. Se destacan como un recordatorio de lo que se puede lograr a través de la fe, la obediencia, la humildad y la perseverancia. Continúan inspirándonos y desafiándonos, animándonos a convertirnos en el tipo de líder que impacta vidas de manera positiva y deja una impresión duradera en el mundo.

IV

EL CORAJE DEL LIDERAZGO AUDAZ

"El coraje no siempre ruge. A veces, el coraje es la voz tranquila al final del día que dice: Lo intentaré de nuevo mañana". —Mary Anne Rademacher.

Hace un par de años, Dios me guio a mudarme a Tennessee después de vivir en la misma comunidad y trabajar en la misma ciudad durante más de veintiséis años y medio. El mensaje llegó mientras leía un devocional, titulado *100 Días de Valiente* de Annie F. Downs. No tenía claro cuándo, cómo, por qué o dónde, las preguntas típicas que nos hacemos cuando nos llevan a hacer algo audaz, pero sabía que tenía que obedecer. No conocía a nadie en el estado o la ciudad donde me llamaron para mudarme. ¿Pueden imaginar el miedo que se apoderó de mí después de darme cuenta de que le había dicho "sí" a Dios? El miedo era tan intenso que lloraba cada vez que pensaba en la decisión que acababa de tomar. Lloraba cada vez que les decía a mi familia y amigos lo que estaba a punto de hacer, impulsada por un llamado que no tenía idea de adónde me llevaría. A través de mi sumisión, obediencia y entrega a Dios, y lo que se alineaba con lo que sabía que era su propósito para mi vida en ese momento, floreció mi valor. Encontré consuelo en confiar que Dios sabía los planes que tenía para mí, que sabía lo que era mejor y, más aún, lo que estaba por venir. Mi valentía también provino del apoyo de mi tribu, mis hijos adultos, mi madre y mi familia, y la seguridad de que estarían bien cuando comenzara este viaje. Tuve que dar varios pasos importantes para lograr el objetivo final de mudarme a Tennessee, incluida la jubilación anticipada del servicio federal, el compromiso total con el negocio que estaba construyendo y el cambio de marca. Incluso, después de decidir mudarme, el Señor me indicó que tomara medidas más audaces, como cambiar mi nombre al de soltera y mudarme cuatro veces en dos años. Mirando hacia atrás, cada una de estas decisiones requirió un nivel de coraje y audacia que nunca supe que tenía. Ahora, después de dos años, puedo decir con confianza, que por la gracia de Dios he aterrizado en pies firmes. Encontré una amorosa familia en la iglesia que asisto, y he decidido seguir de todo corazón a donde sea que Dios me guíe. Verdaderamente, en seguir a Jesús pase lo que pase, no hay vuelta atrás. Curiosamente, la primera vez que visité, ahora lo que es mi iglesia local, “He decidido seguir a Jesús” fue el himno de apertura. Hablando acerca de recibir confirmación...

El verdadero coraje en el liderazgo es más que valentía o ausencia de miedo; es reconocer y enfrentar el miedo, la ansiedad y la incertidumbre de frente, pero aun así elegir tomar medidas para avanzar hacia la meta o visión prevista. Es la capacidad de mantenerse firme y listo para asumir riesgos calculados, tomar decisiones difíciles y defender lo que es correcto, incluso frente a la oposición. Los líderes audaces tienen mucha fuerza interior y resiliencia, lo que les permite manejar situaciones difíciles con confianza y motivación.

El coraje es una cualidad esencial para cualquier líder que busque crear un impacto positivo y duradero. Pero,

¿de dónde viene el coraje para permitir que los líderes guíen audazmente? El valor puede provenir de una variedad de fuentes. Para algunos, surge de un fuerte sentido de propósito o misión. Cuando los líderes están motivados por una profunda convicción de que su trabajo es importante, es más probable que asuman riesgos y tomen decisiones audaces.

Para otros, el coraje viene de la experiencia. Los líderes que han enfrentado desafíos formidables y han triunfado, suelen tener más confianza en sus habilidades y están más dispuestos a asumir nuevos desafíos. Como dice el eslogan de mi empresa, debemos "aprenderlo, vivirlo y luego liderarlo". Sirnplemente aprender una lección y continuar repitiendo los errores una y otra vez no le hace ningún bien al mundo. En cambio, permite que persistan las maldiciones generacionales. Es fundamental encarnar las lecciones, vivirlas, dejando un legado ejemplar a la siguiente generación. Deberíamos tomar tiempo constantemente para hacer una pausa, reflexionar y vivir las verdades aprendidas. Los que vengan después de nosotros estarán agradecidos por el impacto positivo de nuestras valientes acciones y nuestro compromiso con el crecimiento.

Otra fuente de coraje es el apoyo de los demás. Cuando los líderes sienten que tienen un equipo fuerte detrás de ellos, es más probable que asuman riesgos y tomen decisiones audaces. Esto se debe a que tienen la seguridad de que ante el "fracaso" percibido, su tribu/equipo estará allí para apoyarlos y ayudarlos a recuperarse y seguir adelante.

Finalmente, el coraje puede provenir de un fuerte sentido de autoconciencia. Los líderes que se entienden claramente a sí mismos, sus valores, sus fortalezas y debilidades, están mejor equipados para tomar decisiones audaces que se alineen con sus estos y sus metas. Al comprender sus limitaciones y vulnerabilidades, pueden asumir riesgos calculados y liderar audazmente con confianza. Son, un ejemplo para los demás al apegarse a sus creencias, ser resistentes y estar dispuestos a enfrentar y superar los problemas.

En el contexto del liderazgo audaz, la valentía es un rasgo clave que empodera a los líderes para navegar la incertidumbre, motivar a otros y lograr un cambio positivo. Con coraje, los líderes pueden salir de sus zonas de confort y asumir nuevas responsabilidades. Los líderes valientes entienden que el crecimiento y el éxito, a menudo, se encuentran fuera de lo que es cómodo y están listos para ir a donde nadie ha ido antes para crear su propio camino, probar nuevas ideas y ampliar los límites de lo que se cree posible. Como dice Lucas 1:37, "Porque nada hay imposible para Dios". Sin coraje, los líderes se estancan, se apegan a lo familiar y se resisten al cambio. Cuando reunimos el corazón para ser valientes, generamos inspiración dentro de nuestra influencia inmediata para aprovechar nuevas oportunidades y lograr resultados impactantes que cambien el mundo.

Pocos pueden negar que se necesita coraje cuando se enfrentan decisiones difíciles. Armarse de coraje equipa a los líderes con la capacidad de sopesar cuidadosamente toda la información disponible, confiar en sus instintos y actuar con decisión, incluso cuando el resultado es incierto. Al demostrar el coraje necesario para tomar decisiones difíciles, los líderes generan confianza entre su tribu y los motivan a hacer lo mismo.

¡Tenga cuidado! Como líder audaz, enfrentarás oposición al cuestionar el estado actual de sus organizaciones, comunidades y familias. Estas preguntas pueden estar destinadas a fomentar el crecimiento, la innovación y el cambio positivo, pero pueden encontrarse con una gran resistencia. Durante estos tiempos, los líderes audaces aprenden a mantenerse firmes en la verdad, lo que les permite seguir avanzando, creciendo y aprendiendo. La resiliencia se convierte en parte de su ADN, y cada uno de nosotros posee el potencial para construirla. Además, sin coraje, el manejo de fallas/retroalimentación y pérdidas también puede ser muy difícil. La negación solo prolonga lo inevitable. Abrazar el coraje le permite enfrentar la verdad de su situación, cualquiera que sea. Los beneficios de mostrar coraje y perseverancia cuando las cosas no salen según lo planeado, se extienden más allá del individuo, sirven para alentar a otros a aprender de los errores, aceptar el cambio y seguir avanzando, contribuyendo, en última instancia, al mejoramiento de la sociedad.

Como líder audaz, desarrollar coraje es un viaje que te cambia. Se necesita autorreflexión, acción deliberada y voluntad de aceptar la incomodidad. Si bien algunos miembros de su tribu/equipo pueden tener naturalmente más coraje que otros, es importante reconocer que el coraje es una habilidad que se puede nutrir y mejorar con el tiempo. El primer paso para volverse más audaz comienza con la autoconciencia: reconocer y comprender sus miedos y preocupaciones. Identifique los miedos y preocupaciones que le impiden hacer cosas valientes o perseguir grandes metas. Al reconocer sus miedos, puede desarrollar nuevas estrategias para superarlos, mejorando su toma de decisiones.

Tome pequeños pasos hacia su meta. Con cada paso gradual, el coraje se construye y se prepara para otros pasos más grandes. Como me recordó una vez un mentor:

"Ya sea que suba la colina a toda velocidad o dé pequeños pasos, igual llegaré a la cima de la colina".

Rodéese de una tribu de personas que le apoyarán, corregirán, creerán en usted, le inspirarán y le motivarán. Encuentre mentores que hayan demostrado audacia en sus propias vidas y caminos de liderazgo. Sus consejos, sugerencias y experiencias pueden ofrecer una nueva perspectiva y ayudarlo a desarrollar su modelo. Haga planes para abordar los problemas potenciales. Tenga el coraje de hacer preguntas, aprender de los errores y mantener una actitud positiva durante todo el viaje.

Los líderes que tienen coraje entienden la importancia de tomar riesgos calculados. Evalúe los posibles pros y contras de cada situación y tome decisiones basadas en la información disponible. Acepte que puede fallar, comprendiendo que los beneficios de asumir riesgos, generalmente, superan el *status quo*. Identifique las lecciones importantes que pueden ayudarlo en su camino para volverse valiente.

Además, desarrolle sus habilidades de comunicación para que pueda expresar sus pensamientos, sentimientos y preocupaciones con facilidad, gracia y comprensión. También tenga en cuenta sus emociones, ya que podría contribuir negativamente a su audacia. Al tener conversaciones más valientes en las que exprese abiertamente lo que está pasando y acepte comentarios, incluso comentarios críticos, lo empoderará para manejar situaciones difíciles.

Finalmente, documente sus actos de coraje y los logros que resultaron de tomar estas valientes acciones. Celébrelos y revíselos a menudo como un recordatorio de que es más valiente de lo que cree. Reflexione sobre cómo ha crecido y qué ha aprendido de cada evento. Celebrar sus logros proporciona la seguridad de que es un líder audaz.

Convertirse en un líder audaz es un proceso que nunca termina. Se necesita trabajo duro, determinación y voluntad de seguir aprendiendo y un compromiso para mejorar y convertirse en la mejor versión de uno mismo.

V

LÍDERES AUDACES EN EL MUNDO

Un líder conoce el camino, sigue el camino y muestra el camino. —John Maxwell.

Los líderes audaces no se limitan a un trasfondo o vocación específicos; provienen de diversos orígenes, razas, edades y géneros. Algunos se encontraron en posiciones de liderazgo audaces por casualidad, mientras que otros fueron intencionales sobre el impacto que querían tener. Como se exploró en las páginas anteriores, los líderes audaces se destacan por tener rasgos especiales que incluyen coraje, capacidad de innovación, dureza, un sentido de propósito, un compromiso con la verdad y un deseo de crear un cambio para el bien común. Estas personas tan inspiradoras han cambiado el mundo a través de sus ideas novedosas, sus acciones pioneras y su inquebrantable dedicación a sus principios. En esta sección, analizaremos algunos líderes audaces que, espero, lo inspiren a saber que puede ser un líder audaz e impactante que deje un legado duradero.

Malala Yousafzai

Malala Yousafzai, una joven activista pakistaní, es un gran ejemplo de una líder intrépida que ha atraído la atención mundial con su valentía, fortaleza e incansable dedicación a la educación de las niñas. Su tenacidad, defensa y compromiso con la justicia ha inspirado a millones en todo el mundo.

Los años de formación de Malala estuvieron marcados por la estricta implementación de la severa ley islámica, que restringía, específicamente, la educación de las niñas en las regiones donde había crecido la influencia de los talibanes. Su padre, Ziauddin Yousafzai, un firme defensor de la educación, le inculcó un fuerte sentido del valor de la educación y la necesidad de defender los derechos de uno. A pesar de los peligros, Malala desarrolló una feroz determinación para continuar sus estudios y convertirse en una voz para los que no tienen voz.

A la edad de 11 años, Malala comenzó a escribir blogs para BBC Urdu, utilizando un seudónimo para compartir sus ideas y experiencias. Sus relatos conmovedores arrojan luz sobre las dificultades que enfrentan las niñas para acceder a la educación y la creciente ansiedad alimentada por la presencia de los talibanes en el valle de Swat. Su audacia y disposición para hablar, la convirtieron en una líder en la lucha por los derechos educativos que llamó la atención de la comunidad internacional. Su valentía tuvo un alto precio cuando recibió un disparo de un pistolero talibán enmascarado que subió a su autobús escolar cuando volvía a casa desde la escuela. Este intento de asesinato aumentó el alboroto por la educación de las niñas y la libertad de expresión en su comunidad. Malala permaneció inquebrantable y, a pesar de su terrible experiencia, emergió aún más decidida a abogar por la educación. Su notable recuperación se convirtió en un símbolo de esperanza y resiliencia, inspirando a otros en sus batallas por la educación y contra la persecución.

A medida que la campaña de Malala llegó a una audiencia global, su popularidad se disparó. A través de conferencias y entrevistas impactantes, arrojó luz sobre la difícil situación de las niñas a las que se les niega una educación, obteniendo una amplia atención y apoyo para su causa. Malala usó su plataforma para generar conciencia sobre los desafíos que enfrentan los niños en todo el mundo, enfatizando el poder transformador de la educación para romper el ciclo de la pobreza e impulsar un cambio social significativo.

El audaz activismo de Malala le valió numerosos premios prestigiosos, incluido el Premio Nobel de la Paz en 2014, lo que la convierte en la persona más joven en recibir este honor. El honor elevó su estatus como líder mundial, brindándole una plataforma más grande para promover el empoderamiento y la educación de las mujeres. El intrépido liderazgo de Malala se ejemplifica tanto en su incansable dedicación a la paz y la igualdad como en su apoyo a la educación. Reconociendo la interconexión de los desafíos sociales, Malala aboga por la educación como catalizador para abordar problemas como la pobreza, la injusticia de género y el extremismo. Malala cuestionó las normas sociales, resistió las fuerzas represivas y motivó a muchas personas a tomar acción al hablar a favor de la educación.

El coraje de Malala frente a las dificultades, sirve como su primer pilar de liderazgo audaz. A pesar de enfrentarse a graves riesgos, se enfrentó sin miedo a la prohibición de la educación de las niñas por parte de los talibanes en el valle de Swat, en Pakistán, lo que ejemplifica el valor de defender lo que es correcto, sin importar las probabilidades. Malala también nos enseña sobre el valor de los esfuerzos colaborativos. La capacidad de ella para colaborar con líderes mundiales, activistas y organizaciones, demuestra la importancia del trabajo en equipo y la solidaridad internacional para impulsar un cambio significativo. Su ejemplo motiva a los líderes audaces a buscar asociaciones, construir redes y aprovechar el poder colectivo para maximizar su impacto.

Nelson Mandela

Nelson Mandela, un político venerado y un actor clave en la lucha contra el *Apartheid* en Sudáfrica; encarnó la valentía, la tenacidad, la compasión y la audacia. Se convirtió en un símbolo de esperanza y paz reconocido internacionalmente debido a su compromiso inquebrantable con la justicia, la igualdad y la armonía racial. Nacido el 18 de julio de 1918 en una humilde comunidad sudafricana en el Cabo Oriental, Mandela experimentó las duras realidades de crecer en una sociedad racialmente segregada. Los primeros encuentros de Mandela con la injusticia y los prejuicios lo inspiraron a convertirse en activista. Al unirse al Congreso Nacional Africano (ANC, por sus siglas en inglés), participó activamente en manifestaciones no violentas contra el *Apartheid*, un sistema formalizado de segregación racial y discriminación en la República de Sudáfrica.

La pasión de Mandela por luchar contra el *Apartheid* lo llevó a supervisar una campaña de sabotaje contra las instituciones gubernamentales. En 1962, fue detenido, acusado de traición y condenado a cadena perpetua. Durante su largo encarcelamiento, Mandela emergió como un símbolo de resistencia y esperanza para los oprimidos. A pesar de soportar 27 años de encierro, se negó a sucumbir a las circunstancias opresivas y mantuvo un espíritu inquebrantable.

La audacia, el liderazgo visionario y el firme compromiso de Mandela con la justicia y la igualdad racial le ganaron el cariño de la gente, tanto en su tierra natal como en todo el mundo. Su habilidad para superar el resentimiento y buscar puntos en común, le ganó la admiración de sus adversarios y unió a una nación dividida. Su extraordinario viaje es un testimonio de la capacidad del liderazgo para lograr un cambio dramático y ha sido una fuente de inspiración para los líderes de todo el mundo para abrazar la audacia, la compasión y perseguir la búsqueda de una sociedad más equitativa e inclusiva.

La fe inquebrantable de Mandela en su causa, ejemplifica la fuerza de una convicción resuelta, lo que demuestra que los grandes líderes se mantienen fieles a sus valores frente a la adversidad. Los líderes audaces tienen el coraje de hacer frente al *status quo* existente y perseguir lo que creen que es correcto a pesar de las barreras que se interponen en su camino. El sello de liderazgo de Mandela fue su dedicación a la inclusión y la armonía, reconociendo el poder de unir a personas de diversos orígenes para lograr objetivos compartidos. Los líderes audaces reconocen la fuente de un gran poder en la capacidad de aceptar la diversidad, promover la inclusión y aprovechar todo el potencial de un grupo diverso de personas.

Uno de los rasgos más destacables de Mandela fue su capacidad de empatía y perdón, incluso hacia quienes lo maltrataban. Comprendió que el perdón era un medio poderoso para fomentar la sanación y la paz. Para construir puentes, restaurar relaciones y fomentar un ambiente de confianza y comprensión, los líderes valientes comprenden el poder transformador de la empatía y el perdón.

A lo largo de su vida, Mandela mostró honestidad, modestia y una dedicación inquebrantable a sus principios. Al defender los valores fundamentales, los líderes valientes inspiran y motivan a otros a seguir su ejemplo. Su legado perdurable continúa inspirando a los líderes a guiar con valentía, compasión e integridad.

Madre Teresa

La audacia de la Madre Teresa era evidente incluso cuando era una niña. A la edad de 18 años, dejó su hogar en Skopje, Macedonia, para unirse a las Hermanas de Loreto en India. Seleccionó el nombre de Teresa después de convertirse en monja, inspirándose en Santa Teresa de Lisieux, conocida por su devoción por los pobres. La vida de la Madre Teresa cambió drásticamente durante su viaje en tren en 1946 al monasterio de Loreto en Darjeeling, donde un encuentro con Dios la obligó a ayudar a los pobres.

Inquebrantable en su misión, recibió la aprobación de la Iglesia Católica para dejar el convento y visitar los barrios marginales de Kolkata (antes Calcuta). La Madre Teresa comenzó su trabajo excepcional entre los pobres con la ayuda de su fe, compasión y corazón lleno de amor. En 1950 fundó las Misioneras de la Caridad, una orden religiosa dedicada al cuidado de los miembros más vulnerables de la sociedad. La congregación creció rápidamente y su impacto se extendió por todas partes. La Madre Teresa mostró un liderazgo intrépido al entrar con valentía en la oscuridad de la pobreza y el sufrimiento, llevando luz y esperanza a los necesitados. Se aventuró valientemente en las calles, colonias de leprosos y barrios marginales para atender a los enfermos, alimentar a los hambrientos y consolar a los moribundos. Sus actos desinteresados de compasión y servicio fueron inspiración para innumerables personas que habían sido marginadas por la sociedad.

La Madre Teresa asumió con valentía las instituciones y los procesos que perpetuaban la injusticia, desafiando a los gobiernos, organizaciones y líderes a abordar las causas subyacentes de la pobreza y la desigualdad. Usando su plataforma y poder, hizo campaña, incansablemente, por los derechos y la dignidad de los pobres y abogó por una respuesta global para disminuir su sufrimiento. Habló con valentía sobre la santidad de la vida, luchó por los no nacidos y se opuso a la cultura predominante del aborto, incluso, en presencia de figuras notables como el entonces presidente, Bill Clinton. A pesar de la reacción violenta que causaron sus declaraciones, persistió en su dedicación a proteger a los ciudadanos más indefensos de la sociedad.

La Madre Teresa fue reconocida por su capacidad de ver la bondad en todos, reconociendo el valor innato y la dignidad de cada individuo. Trató a todos con respeto, amor y compasión, guiada por su profunda comprensión del alma humana. ¿Cree que pueda adoptar esta perspectiva de tratar a todos los que conoce con respeto, amor, compasión y dignidad, independientemente de su estatus? Algo en qué pensar.

La Madre Teresa creía que el silencio era esencial para conectarse con el alma de las personas y encontrar a Dios en medio del caos y la agitación. Uno puede desarrollar una quietud dentro de sí mismo a través de la práctica del silencio intencional, que también permite una relación más cercana con los demás. En sus palabras, "Necesitamos encontrar a Dios, y él no se puede encontrar en el caos y la agitación. Dios es amigo del silencio: observe las estrellas, la luna y el sol mientras se mueven en silencio, y vea cómo la naturaleza, los árboles, las flores y la hierba crecen en silencio. El silencio es necesario para que lleguemos al alma de las personas". Esta es una lección tan poderosa para ser un líder audaz: escuche más de lo que habla. La comprensión, la empatía y la compasión genuinas pueden emerger en esta condición pacífica y pueden llegar a los demás en su esencia. La Madre Teresa nos anima a cada uno de nosotros a buscar a Dios en la paz y el silencio en lugar del desorden, la disfunción y la conmoción. Ella argumenta que el silencio es crucial para llegar al corazón de las personas y construir una relación sólida con Dios.

El estilo de liderazgo de la Madre Teresa se definió por su humildad y compasión. Trató a cada persona con respeto y dignidad, independientemente de sus circunstancias. Su capacidad para empatizar con los demás y conectarse en un nivel profundo, le permitió comprender luchas amplias. A través de su ejemplo, aprendimos que el liderazgo genuino consiste en valorar a cada individuo con el que nos encontramos y no en afirmar autoridad o superioridad sobre los demás.

El liderazgo de la Madre Teresa estuvo marcado por la sencillez, la humildad y un fuerte sentido de misión. Dio ejemplo a sus otras hermanas al llevar una vida de pobreza y servicio. Su firme confianza en Dios le dio el coraje para perseverar frente a las dificultades y las críticas.

Billy Graham

Billy Graham, un evangelista y predicador estadounidense, se destaca como una de las figuras más influyentes del siglo XX. Graham cambió el rostro de la evangelización y tocó la vida de millones a través de su fe inquebrantable, comportamiento carismático y habilidades oratorias dominantes. Demostró los rasgos de un líder intrépido a lo largo de seis décadas, desafiando las expectativas, desmantelando barreras y compartiendo un mensaje de redención y esperanza.

Criado en una familia cristiana devota, la educación de Billy Graham le inculcó un fuerte sentido de fe y el deseo de compartir la Buena Nueva con los demás. Sin embargo, fue durante la "Cruzada", una serie de reuniones de avivamiento en Los Ángeles, en 1949, que la influencia de Graham se disparó. Este evento se convirtió en un momento crucial, impulsándolo al centro de atención nacional como un orador cautivador e inspirador.

La audacia con la que Graham presentó el Evangelio a audiencias de todo el mundo fue un rasgo definitorio de su liderazgo. Subiendo al escenario sin miedo, abordó temas polémicos y enfrentó los problemas apremiantes de su tiempo. Sus sermones combinaron hábilmente la verdad bíblica, la relevancia contemporánea y un mensaje del perdón y la compasión de Dios, resonando con personas de todos los orígenes en una sociedad que estaba increíblemente dividida. Su capacidad para relacionarse con personas de todos los ámbitos de la vida y de diferentes orígenes religiosos, lo convirtieron en una figura empoderadora.

Más allá de sus poderosos discursos públicos, Billy Graham abrazó por completo los medios y la tecnología y entendió su potencial para llegar a una audiencia más amplia. Utilizando la radio, la televisión y el cine, derribó las barreras geográficas, haciendo que sus mensajes fueran accesibles a millones y siendo pionero en estrategias creativas de evangelismo que continúan inspirando a las próximas generaciones a usar plataformas de vanguardia para transmitir su mensaje. El liderazgo de Graham también enfatizó la colaboración y la diversidad. Trabajó con una variedad de iglesias y líderes religiosos, abarcando líneas denominacionales, para promover la cooperación entre los creyentes y encender la unidad.

La misión de Graham era difundir el evangelio de Jesucristo, una meta que persiguió constantemente a lo largo de su vida. Graham sirve como un valiente ejemplo de cómo alinear nuestras acciones y elecciones con nuestra misión definida. Conocido por su honestidad y sinceridad, Graham mantuvo un alto nivel de conducta moral que era consistente con sus creencias. Esta dedicación a la integridad moral y la franqueza, le valió el respeto y la confianza de millones.

Estos son solo una pequeña muestra de personas que lideraron audazmente. Hay muchos más y algunos pueden, incluso, estar en su comunidad, familia o lugar de trabajo. Al aprender de los ejemplos de líderes globales audaces como Malala, Mandela, la Madre Teresa y Billy Graham, podemos liderar con sinceridad, tener un impacto duradero e inspirar a quienes nos rodean.

VI

PASOS PRÁCTICOS PARA UN LIDERAZGO AUDAZ

"La puerta se abrirá a aquellos que sean lo suficientemente audaces como para llamar".
—Tony Gaskins.

Estoy genuinamente encantada de que haya llegado tan lejos en su aprendizaje sobre el liderazgo audaz. En este punto, es posible que algunos de ustedes todavía se pregunten si un liderazgo audaz es algo bueno. Permítanme alentarlos a considerar que cada vez que dicen la verdad y defienden sus valores y principios, están actuando con audacia y valentía. Como leyó en el anterior, las personas muy exitosas a menudo son reconocidas por poseer una actitud audaz y humilde.

El liderazgo audaz es un rasgo de empoderamiento que permite que aquellos, en su círculo de influencia, faciliten el cambio. Se necesitan visión, claridad y la voluntad de aceptar riesgos calculados. Si bien algunos asumirían que el liderazgo audaz es algo natural, se puede cultivar y nutrir tomando ciertas acciones y esfuerzos y manteniendo una mentalidad específica. Esta sección explora algunos pasos prácticos que son esenciales para convertirse en un líder audaz.

1. Tener una visión convincente y clara.

Una visión convincente y clara es la piedra angular de un liderazgo audaz. Comience por establecer objetivos audaces y visualizar los resultados que desea alcanzar. Para ello, debe definir su propósito con la máxima claridad. Plantee el núcleo de sus creencias e intereses, contemplando sus prioridades y los temas o causas que le emocionan y le guían para desarrollar una visión clara. Este objetivo final actúa como la fuerza impulsora que lo motiva a superar los límites aceptados. Alimente su pasión e inspire a otros a apoyar su causa.

2. Tenga confianza en sí mismo.

"Todo lo puedo en Cristo que me fortalece". (Filipenses 4:13).

Creer en uno mismo es un requisito previo para un liderazgo audaz. Si no crees en ti mismo, ¿cómo puede alguien más creer en ti? Acepte que es Dios quien le instruye y fortalece. El versículo bíblico anterior indica "lo puedo", lo que significa que creer en sí mismo es clave para progresar hacia un liderazgo audaz. Edúquese en la confianza de que Dios le fortalece, evite las dudas y comience a confiar en las habilidades que Dios le ha dado. Una mentalidad derrotada, un diálogo interno negativo y la duda no le servirán de nada. Debe tomar una decisión consciente para cambiar esta forma de pensar. Construya su confianza a través de la afirmación regular de la palabra de Dios y la dedicación al desarrollo personal. Recuérdese sus logros pasados, habilidades y rasgos positivos, tratándose con amabilidad y el mismo aliento que le ofrecería a un amigo querido. Piense y hable amablemente consigo mismo. Rodéese y manténgase conectado con personas que crean en usted y le alienten.

3. Sea resiliente.

La resiliencia es una cualidad clave en un liderazgo audaz. Es importante desarrollar la capacidad de superar fracasos, contratiempos y barreras. Una forma efectiva de hacerlo es determinar sus mayores miedos e inseguridades y exponerse gradualmente a situaciones que le permitan enfrentar esos miedos. Recuerde, desvelar sus miedos puede ser el mejor regalo que se haga a sí mismo. Al enfrentar estos desafíos de frente, no solo desarrolla resiliencia, sino que también aumenta su confianza. Me refiero a este proceso como "pequeños pivotes" fuera de su zona de confort, ya que estos pasos incrementales conducen a un crecimiento significativo.

En lugar de desanimarse por fracasos pasajeros o pequeños miedos, es vital reconocer las dificultades como oportunidades de crecimiento personal y profesional. Adopte una mentalidad de crecimiento para ayudar a adaptarse, adquirir nuevas habilidades y seguir adelante cuando las cosas se pongan difíciles. Adopte la idea de que los fracasos (o comentarios) son una parte normal de cualquier viaje y sirven como peldaños para el éxito en el futuro.

Reconozca que las situaciones y los escenarios pueden cambiar en cualquier momento. La adaptabilidad para ajustar sus métodos y la disposición para cambiar sus planes es necesaria para que avance y se desarrolle como persona. Cuando ocurran contratiempos, tómese el tiempo para considerar lo que puede aprender de ellos. Considere los factores que lo llevaron al fracaso, tome nota de las lecciones aprendidas y modifique su enfoque en consecuencia. No asuma la culpa o la vergüenza, ya que eso solo lo mantendrá atascado y, francamente, es una táctica de la oscuridad para alejarlo de su grandeza. Espero que esta comprensión le ayude a liberarse. Como se reiteró antes, los reveses son retroalimentación. Los contratiempos no son el final, sino que son poderosas herramientas didácticas para refinar sus estrategias y avanzar con mayor fortaleza.

4. Sea capaz de seguir.

El liderazgo audaz implica más que simplemente hacerse cargo; también implica aprender a seguir. Incluso, en presencia de incertidumbre, los líderes valientes actúan con convicción. A veces esta convicción puede ser elegir seguir instrucciones. Ser consciente del contexto y las circunstancias para tomar decisiones acertadas. Recopile información con diligencia, sopesando cuidadosamente las ventajas y desventajas de cada curso de acción previsto, y confíe en su intuición. Saber cuándo no sabe. Los grandes líderes aprenden a discernir cuándo liderar y cuándo seguir. Espero que esto lo prepare y disipe la mentalidad de que una persona no puede ser dirigida por alguien más joven o con experiencia diferente.

5. Sea un modelo a seguir.

Sea un modelo a seguir para los miembros de su equipo al establecer altos estándares de conducta, ética, integridad y moral. Anime a aquellos en su círculo de influencia a buscar la excelencia y demostrar honestidad, responsabilidad y resiliencia, atributos necesarios para el éxito en todas las áreas de la vida. Defino la excelencia como ser mejor hoy que ayer. Sé mejor mañana de lo que fuiste hoy. La excelencia es un proceso de mejora continua y los líderes audaces modelan que siempre hay un poco de espacio para mejorar.

6. Muestre empatía e inteligencia emocional.

Los líderes audaces son conscientes del valor de la empatía y la inteligencia emocional para forjar vínculos duraderos y fomentar el trabajo en equipo eficaz. Permanezca genuinamente preocupado por el bienestar de su tribu/equipo, participe en la escucha activa y haga un esfuerzo por comprender sus necesidades y perspectivas. Al fomentar un entorno comprometido y de apoyo, alienta a aquellos a quienes dirige a contribuir con sus mejores pensamientos e ideas. El liderazgo no se trata únicamente de sí mismo, sino de la estabilidad y el éxito de aquellos a quienes dirige. Cuidar y trabajar para dominar sus emociones promoverá su éxito en esta área.

7. Nunca deje de aprender.

Los líderes audaces están dedicados al aprendizaje de por vida y no tienen miedo de pronunciar las palabras “No sé”. Busque constantemente nuevas perspectivas, manténgase atento a las tendencias cambiantes y persiga activamente el crecimiento personal y profesional. Esto lo ayudará a mantenerse a la vanguardia, adaptarse a las circunstancias cambiantes y liderar sus equipos con sabiduría e innovación.

En el mundo actual, se necesitan más que nunca líderes audaces y valientes. Tome la iniciativa para convertirse en un líder audaz y valiente hoy. Si puede implementar estos pasos prácticos y aceptar la toma de decisiones audaces, fomentar la innovación y mantenerse firme en la verdad, liderará con excelencia. Al ejercer un liderazgo audaz, se convierte en parte de un movimiento global destinado a construir un mundo consciente donde todos puedan prosperar. Muévase, cambie el mundo y deje su huella.

VII

VENCIENDO OBSTÁCULOS

"Identifica tus problemas, pero da tu poder y energía a las soluciones". —Tony Robbins.

El liderazgo es una responsabilidad compleja y multifacética que abarca la toma de decisiones, la gestión de equipos y la conducción de objetivos. La esencia misma de estas responsabilidades presenta numerosos obstáculos que deben superarse. Para alcanzar su máximo potencial como líder audaz, uno debe aspirar a soportar y superar estos obstáculos. Como líder, encontrar obstáculos es inevitable y una parte inherente del camino del liderazgo. Es raro que uno pueda evitar los obstáculos por completo, sin importar cuán diligentemente lo intente. Estos obstáculos requieren estrategias y habilidades efectivas para superarlos y resolverlos.

Identificar y comprender las causas o raíz de los obstáculos únicos es fundamental para diseñar la estrategia adecuada para prevalecer. Los obstáculos brindan oportunidades valiosas para innovar, aprender, refinar sus habilidades para resolver problemas y capacitarlo para enfrentar futuras dificultades con facilidad, gracia y optimismo. Al utilizar estos obstáculos como peldaños, puede transformarse en un líder más poderoso y efectivo, bien equipado para liderar con fuerza y sabiduría.

Como se mencionó al comienzo del apartado, los líderes a menudo encuentran una gran cantidad de obstáculos dentro de los diversos roles y responsabilidades que tienen. Me gustaría centrarme específicamente en superar los desafíos asociados con el liderazgo de su tribu o equipo. Centrarse en la solución en lugar del problema es crucial porque los equipos eficaces sirven como conducto a través del cual se logran los objetivos y se genera un impacto positivo y duradero.

Manejo de emociones y voces diversas

Liderar personas plantea un desafío importante para los líderes porque les exige dirigir y supervisar un grupo variado de personas en diversos entornos, como equipos, empresas o familias. Además, requiere una combinación de diferentes habilidades que incluyen buena comunicación, resolución de conflictos, motivación, gestión del desempeño, gestión del cambio y planificación, por mencionar algunas. Los líderes exitosos invierten tiempo y esfuerzo en aprender a liderar de manera efectiva, creando equipos motivados, comprometidos y de alto rendimiento. Es un proceso continuo debido a sistemas, políticas, necesidades, situaciones personales y deseos en constante cambio, que los líderes deben seguir para navegar por el panorama en evolución.

Cada individuo en un equipo es único y posee diferentes pensamientos, habilidades, valores, principios y niveles de madurez y crecimiento. Equilibrar los deseos y necesidades de las personas dentro de un equipo puede ser complicado. Para liderar con eficacia un grupo de este tipo, es imperativo comprender, apreciar y respetar estas diferencias mientras se mantiene la flexibilidad y la adaptabilidad en su enfoque de liderazgo. Por lo tanto, tómese el tiempo para conocer a cada persona de su equipo individualmente y comprender sus aspiraciones profesionales, familias y pasatiempos. Note y valore las contribuciones y el talento de cada persona. Apoye su crecimiento y progreso al siguiente nivel, teniendo en cuenta dónde se encuentran de manera realista en su trayectoria profesional. Muestre interés genuino y aprecio por sus esfuerzos. Es importante evitar la comparación. La mayoría de las veces, la comparación es desigual, como comparar una manzana con una naranja. Liderar personas implica evaluar y orientar el desempeño tanto de estas como del equipo. Es como ser director de orquesta.

Los líderes efectivos establecen objetivos claros, brindan comentarios constructivos y abordan los problemas de desempeño con prontitud. Las metas poco claras conducen a resultados ambiguos. Al implementar cambios, los miembros del equipo pueden resistirse y sentirse inseguros. Si bien el cambio es un desafío, es esencial para el crecimiento. Como líder, es esencial abordar los problemas de manera temprana y constante. Retrasar la resolución puede causar caos, decepción, herir los sentimientos y, a menudo, solo aborda los síntomas en lugar de la causa raíz. La transparencia, la veracidad y la participación de los miembros del equipo en la toma de decisiones pueden facilitar el proceso de cambio y generar confianza dentro del equipo. Este principio también se puede aplicar a su familia.

La comunicación juega un papel fundamental en el proceso de liderazgo. Como líder, es esencial asegurarse de que sus mensajes sean claros y bien entendidos. Mantenga abiertos los canales de comunicación, permanezca receptivo a todas las preguntas y mantenga un enfoque paciente. Crear un espacio seguro para la expresión abierta y enfatizar la empatía, genera confianza y relaciones sólidas. Busque comentarios, fomente conversaciones abiertas y escuche atentamente respetando los diversos puntos de vista. Escuche para oír, no para responder. He aprendido que escuchar más y hablar menos hará maravillas en su liderazgo y en sus relaciones. Use los comentarios que recibe para descubrir dónde puede mejorar y hacer los cambios necesarios en la forma en que lidera a los demás. He oído hablar de familias que se reúnen y desarrollan declaraciones de misión y visión familiar, valores y metas, y creo que estas son excelentes ideas para ayudar a evocar la comunicación entre las familias.

Al abordar los problemas, sea transparente y veraz al explicar por qué se están realizando los cambios; aborde las preocupaciones e incluya a los miembros del equipo en la toma de decisiones cuando sea posible; y ofrezca el apoyo necesario en tiempos de cambio. Evitar o tergiversar la verdad no ayuda a ninguna de las partes involucradas, incluso si cree que lo está haciendo para proteger a los inocentes. Abrace la realidad de que la verdad siempre vivirá y la mentira siempre morirá.

Recuerdo que me despidieron del Hospital Presbiteriano de Columbia al principio de mi carrera, después de solo 9 meses de empleo. Última en entrar, primera en salir. Fue profundamente decepcionante, doloroso y confuso. Recordé, después de recibir el aviso, salir de la oficina del vicepresidente y caminar hacia un parque cercano donde lloré desconsoladamente, decepcionada porque me habían quitado el trabajo que amaba. Mi supervisora fue compasiva al explicarme los motivos del despido y me apoyó durante la transición. Era sincera en sus palabras y acciones. ¡Incluso, me conectó con personas que me llevaron a mi primera oportunidad de trabajo como consultora! Tuve una curva de aprendizaje empinada, pero logré sobresalir en el puesto con apoyo y orientación. Estoy agradecida por su ayuda durante ese momento difícil (también debo reconocer la gracia de Dios, ya que estuvo a mi lado y mi fe demostró ser importante para capear esta tormenta particular de la vida). Escuchar con empatía fue fundamental para que mi supervisora me apoyara después de mi despido y me ayudara a asegurar mi próximo puesto. Expresó que realmente lamentaba que esto sucediera y parecía que también la tomó por sorpresa. No temía mostrar sentimientos auténticos durante una conversación difícil. Aprendí que cuando suceden las cosas, no es lo que te sucede sino cómo respondes.

Cuando personas con diferentes ideas, metas y antecedentes, trabajan juntas, es probable que encuentren algún conflicto. Aceptar la diversidad de pensamiento es vital cuando diversas ideas y objetivos convergen en un entorno colaborativo. Aprender a lidiar constructivamente con las diferencias de opinión al encontrar soluciones mutuamente aceptables es fundamental para mantener la cohesión y la productividad del equipo. Actuar como mediador en disputas, asegurando equidad y respeto. Adopte un enfoque de entrenamiento, haga preguntas clave y brinde orientación y apoyo para aligerar la carga de todos los involucrados. A veces, la resolución más práctica puede ser "estar de acuerdo en estar en desacuerdo" amistosamente. Este cambio de enfoque me llevó a desarrollar un curso titulado "Entrenar vs. Administrar", ya que descubrí que un estilo de entrenamiento o coaching beneficia a todos al generar resultados colaborativos y una mayor inversión.

La autoconciencia y la autorreflexión son necesarias para liderar personas. Comprenda sus fortalezas, debilidades y estilo de liderazgo preferido. Reflexione sobre cómo sus acciones y comportamientos impactan a los demás. Escuchar con empatía le ayudará a generar confianza y una buena relación con su equipo. Experimenté los beneficios de esto cuando mi supervisora me ayudó a asegurar mi próximo puesto después de tener que tomar la difícil decisión de despedirme.

Trabaje en sus emociones entendiéndolas y manejándolas al mismo tiempo que reconoce y comprende los sentimientos de los demás. Utilice la inteligencia emocional para navegar situaciones desafiantes, construir relaciones sólidas y satisfacer las necesidades de su equipo o miembros de la familia, de manera efectiva. Manténgase actualizado sobre las últimas técnicas y tendencias de liderazgo asistiendo a talleres, seminarios o conferencias para mejorar continuamente sus habilidades de liderazgo. Si continúa luchando, no hay nada de malo en buscar ayuda de un consejero o terapeuta autorizado. No puedo expresar lo valioso que es ser humilde y obtener la ayuda necesaria para convertirse en el mejor líder y versión de sí mismo.

Gestionando conflicto

Los líderes a menudo enfrentan grandes conflictos en el trabajo, el hogar o en sus comunidades. El conflicto surge cuando los individuos o grupos tienen ideas u objetivos diferentes o cuando las instrucciones dadas no son claras o se malinterpretan. La capacidad de manejar conflictos de manera efectiva es fundamental para mantener un ambiente de trabajo positivo, productividad y relaciones saludables. Los líderes deben identificar los conflictos dentro de sus equipos, individuos u organizaciones y manejarlos con rapidez. La causa de estos puede variar y puede provenir de diferentes valores, principios, celos, derechos, chismes, competencia, por mencionar algunos. Establecer valores y objetivos claros es fundamental para prevenirlos. Los líderes deben, por lo tanto, estar atentos para identificar cualquier desviación de los valores de la organización y abordar el problema de inmediato.

En los conflictos, las emociones fuertes pueden intensificarse si no se manejan adecuadamente. El dominio emocional es clave para lidiar de manera efectiva con la ira, la frustración y los sentimientos heridos, que surgen durante los desacuerdos, y asegurar una resolución efectiva y pacífica. Este es un proceso aprendido y comienza por tener una comunicación abierta y eficiente para entenderse y resolver problemas. Esto incluye escuchar activamente, iniciar conversaciones y apoyar canales de comunicación abiertos y claros. Evitar el "juego de la culpa". Buscar avanzar en la resolución del conflicto debe ser el objetivo. Cuando un conflicto es causado por la competencia o el derecho, los líderes también deben equilibrar diferentes objetivos para los miembros del equipo y asegurarse de que se alineen con los objetivos de la organización. Esto requiere comprender las motivaciones y preocupaciones de los miembros del equipo para encontrar una solución beneficiosa para todos. Resolver conflictos también implica reconstruir la confianza entre los miembros del equipo, fomentar la equidad y crear un entorno seguro e inclusivo. Los líderes audaces priorizan la comprensión de las dinámicas de poder, la orientación de las conversaciones difíciles y la búsqueda de resultados beneficiosos para todossiempre que sea posible.

Superando obstáculos con la Gracia de Dios

El apóstol Pablo es un ejemplo asombroso de cómo superar tiempos difíciles con la ayuda de Dios. A pesar de enfrentar persecución, encarcelamiento y amenazas contra su vida, Pablo se mantuvo fiel a su fe y dependió de la gracia de Dios para superar los momentos difíciles y cumplir su misión. En su segunda carta a los Corintios, describe un momento en que le rogó a Dios que eliminara una lucha y Dios respondió: "Mi gracia os basta, porque mi poder se perfecciona en la debilidad". Pablo continuó: "Por tanto, de buena gana me gloriaré más bien en mis debilidades, para que repose sobre mí el poder de Cristo". (2 Corintios 12:9). Pablo sabía que la gracia de Dios era todo lo que necesitaba para superar los problemas que enfrentaba como líder. Esto requería humildad, sumisión y entrega a la voluntad de Dios, incluso en momentos de extrema debilidad o dificultad. Su historia les recuerda a los líderes que pueden encontrar fortaleza y resiliencia en la misericordia de Dios, aun cuando enfrentan problemas aparentemente insuperables.

La gracia de Dios ofrece consuelo, fortaleza y perspicacia durante los tiempos difíciles que, a estas alturas, debería considerar como oportunidades. Cuantos más desafíos enfrente y supere, más verá el crecimiento, las lecciones y las puertas abiertas que estos desafíos le brindaron. Como líderes, aceptar la gracia de Dios significa reconocer nuestras limitaciones y confiarle nuestras cargas. Implica reconocer que no tenemos todas las respuestas, pero tenemos fe en que la sabiduría y la guía de Dios nos ayudarán. Una de las cosas más importantes que puede hacer para enfrentar los problemas con la ayuda de Dios es desarrollar una fe fuerte. Esto significa construir una conexión personal con

Dios al orar, meditar y estudiar su palabra para construir una conexión con él. La fe abre nuestros corazones y mentes a la bondad de Dios, otorgándonos paz, claridad y fortaleza. Como líderes, es importante asegurarnos de que nuestras prácticas y principios estén en consonancia con lo que dice la Biblia. Alinear nuestras prácticas y principios con las enseñanzas bíblicas, como la humildad, la bondad, el liderazgo de servicio, el autocontrol y la honestidad, nos capacita para liderar con la gracia de Dios obrando a través de nosotros.

Cuando surgen problemas, pueden desencadenar sentimientos de estrés, ansiedad e incertidumbre. Durante estos tiempos, puede acudir a Dios en oración para pedirle consuelo y paz. Al darle a él sus preocupaciones y miedos, encuentra paz y un nuevo sentido de propósito. En Filipenses 4:6-7, el apóstol Pablo nos dice: "Por nada estéis afanosos, sino sean conocidas vuestras peticiones delante de Dios en toda oración y ruego, con acción de gracias; y la paz de Dios, que sobrepasa todo entendimiento, guardará vuestros corazones y vuestros pensamientos en Cristo Jesús".

Los líderes también pueden depender de la bondad de Dios para ayudarlos a tomar decisiones sabias. Proverbios 3:5-6 dice: "Fíate de Jehová de todo tu corazón, y no te apoyes en tu propia prudencia; reconócelo en todos tus caminos, y él enderezará tus sendas". Al orar por la ayuda de Dios y obtener el consejo de un sabio, puede tomar decisiones difíciles con confianza.

Como líder, otra parte importante de superar los problemas con la ayuda de Dios, es mantener una actitud agradecida y humilde. Darnos cuenta de que todas nuestras habilidades, oportunidades y logros provienen de Dios, nos hace más agradecidos y humildes. La gratitud cambia la forma en que lideramos.

Los líderes pueden apoyar diferentes sistemas de creencias al crear un espacio donde se valore la fe, sin importar la creencia, lo que puede generar un fuerte sentido de comunidad y unidad, ayudando a los equipos a trabajar juntos para resolver problemas.

VIII
LIDERANDO AUDAZMENTE EN LAS ESFERAS DE LA VIDA

"No se trata de no tener miedo, se trata de actuar a pesar del miedo". —Veronica Roth.

El liderazgo se extiende más allá de los confines de las organizaciones para incluir contextos personales, familiares, comunitarios y sociales. Para liderar con eficacia en estas áreas, se debe adoptar un enfoque proactivo y valiente para impulsar un cambio positivo y lograr un impacto significativo.

Liderando tu vida

Para liderar audazmente en su vida, debe asumir la responsabilidad de la misma, elecciones y acciones. Significa tener una mentalidad de crecimiento, establecer metas orientadas a ello y adoptar la autodisciplina para hacer lo que se necesita para alcanzar sus sueños. Significa salir de su zona de confort, asumir riesgos y aprovechar las oportunidades para crecer, como se mencionó en las secciones anteriores. Cultivar una mentalidad de crecimiento requiere creer en su capacidad para mejorar continuamente. Cuando demuestra audacia al llevar su vida, al no quedarse estancado en los errores del pasado, puede inspirar a otros a hacerse cargo de sus propias vidas y seguir sus sueños con valentía y convicción.

Sea fiel a sí mismo y acepte sus cualidades, fortalezas y creencias únicas. Conozca quién es y en qué cree. No tenga miedo de mostrarle al mundo quién es. Cuando acepta quién es, puedes vivir una vida que encaja con sus creencias y deseos más profundos. Márquese grandes metas que le saquen de su zona de confort y le hagan trabajar duro. Cree un plan claro para lograr sus aspiraciones, dividiéndolas en pasos alcanzables y trabajando en ellas diariamente. Supere el miedo y la duda que pueden obstaculizar su movimiento hacia adelante.

El miedo es un sentimiento que todo el mundo experimenta en algún momento de su vida, pero no debe dictar las acciones que tome. Reconozca sus miedos y dudas, pero no deje que le impidan seguir adelante. Aproveche las oportunidades y tenga en cuenta que el fracaso suele ser un paso en el camino hacia el éxito. Desarrolle una actitud positiva que lo motive a resolver problemas en lugar de revolcarse en la autocompasión. La vida está llena de altibajos, pero lo importante es cómo los enfrenta. Desarrolle resiliencia ideando formas de procesar los problemas, cuidándose y manteniéndose conectado a un sistema de apoyo sólido. Aprenda de los errores, cambie con los tiempos y siga avanzando.

Sea proactivo para aprovechar las oportunidades; no espere a que vengan hacia usted. Persiga activamente sus metas y sueños. Participe en nuevas actividades, asuma nuevas tareas, busque oportunidades para aprender, pruebe cosas novedosas y construya una sólida comunidad de apoyo. Sea emprendedor y tome las riendas de su vida personal y profesional. Deje de esperar que alguien más haga eso por usted, especialmente en términos de su felicidad personal. Solo usted puede hacerse feliz. Adopte el aprendizaje continuo y siga haciendo preguntas. Mantenga una mente abierta, receptiva a la retroalimentación y dispuesta a aprender de la experiencia. El aprendizaje continuo no solo lo ayudará a crecer como persona, sino que también le brindará las herramientas que necesita para vivir una vida más satisfactoria y próspera. Rodéese de personas sabias y solidarias que le dirán la verdad, le ayudarán a crecer y le levantarán cuando caiga. Encuentre su escuadrón de porristas. Recuerde que debe ser el miembro principal de su propio equipo de porristas.

Liderando a su familia

Liderar una familia requiere más que amor y cuidado, también requiere el coraje de tomar decisiones que fomenten el crecimiento, la fortaleza y la felicidad de la misma. El liderazgo familiar efectivo significa crear un ambiente de cuidado y apoyo, inculcar valores, promover la comunicación abierta y dar a cada miembro de la familia la libertad de tomar decisiones. Tiene que sanar para evitar culpar a su familia por sus heridas pasadas.

Para liderar a su familia con valentía, comience por delinear creencias y expectativas claras. Identifique los valores más importantes de su familia y compártalos con todos los miembros, asegurándose de que los valores sean entendidos y aceptados. Establecer reglas sobre el comportamiento, las responsabilidades y las metas, proporciona a la familia, un sentido de estructura y dirección, contribuyendo a la paz, alegría y armonía entre los miembros. Mi papá siempre me alentó a que, si teníamos un conflicto interno entre hermanos o miembros de la familia, necesitábamos encontrar una manera de resolverlo de inmediato entre nosotros. La forma en que mi mamá expresaba este mismo método de resolución de conflictos era decir: "Solo ama". Para mí, esto significa que, si pones el amor primero, entonces puedes conquistar mucho.

Una familia fuerte y saludable se basa en una comunicación clara y honesta. Anime a todos los miembros de la familia a expresar sus pensamientos, sentimientos y preocupaciones sin temor a ser juzgados. Al fomentar el diálogo abierto, crea un espacio seguro para la resolución de problemas y una mejor comprensión mutua.

Un líder audaz se toma el tiempo para comprender las fortalezas y debilidades de cada miembro de la familia, respetando las habilidades e intereses de cada individuo, mientras alienta sus fortalezas y acepta sus debilidades. No imponen sus propios sueños o deseos a los que lideran. En cambio, apoyan a cada miembro de la familia para que crezca hasta alcanzar su máximo potencial, especialmente ante los desafíos. Los líderes audaces fomentan el crecimiento personal brindando oportunidades para que aquellos a quienes lideran aprendan, exploren nuevos pasatiempos y persigan sus pasiones. Toman la iniciativa para ayudar a los miembros de la familia a establecer y alcanzar sus metas, lo que les permite alcanzar su máximo potencial. Al dar voz a cada persona, fortalecen la unidad familiar y promueven la resiliencia.

Para liderar a su familia audazmente, debe poder aceptar el cambio y adaptarse a situaciones nuevas, incluso cuando duele. Nadie permanece igual. La vida está llena de cambios y desafíos, y como líder, su función es ayudar a guiar a su familia a través de estos cambios y desafíos, sin juzgar. Demostrar cómo afrontar los cambios con valentía y flexibilidad manteniendo la fortaleza y una actitud positiva. Juntos, exploren cosas nuevas, prueben nuevos métodos para resolver conflictos, aprendan de los errores, busquen ayuda profesional si es necesario y celebren sus éxitos en el camino.

Aun en medio de una vida ocupada, priorice el tiempo de calidad con su familia. En el pasado, me faltaba en este departamento porque era una adicta al trabajo y aprendí muchas lecciones. La lección principal es que ninguna responsabilidad externa debe "superar" el tiempo con su familia, incluso si le paga. Debe lograr un equilibrio. Si no hay paz (por ejemplo, exceso de trabajo), no hay alegría.

Como líder audaz, eres responsable de crear oportunidades para reunirse y compartir experiencias. Establezca tradiciones familiares regulares, como cenar juntos en familia, noches de juegos, viajes o reuniones familiares, para construir lazos y crear recuerdos que durarán toda la vida. Muestre un interés genuino en la vida de cada miembro de su familia, sin mostrar favoritos y participando en actividades que construyan la unidad y aumenten el amor entre todos los miembros de la familia.

Si desea liderar a su familia con valentía, debe hacerlo demostrando los valores y el comportamiento que desea que ellos emulen. Sea honesto, amable, comprensivo y respetuoso en todas las interacciones. Esté dispuesto a admitir y aprender de sus errores. Esto le enseña a su familia la importancia de la humildad, la integridad y la mejora continua.

Como líder audaz, priorice el bienestar mental de su familia. Fomente la comunicación abierta sobre los sentimientos, fomente un entorno de apoyo y comprensión, y esté allí para escuchar y brindar orientación durante los momentos difíciles. Enséñeles mecanismos de afrontamiento para lidiar con el estrés y cómo cuidarse a sí mismos. No juzgue ni desestime sus sentimientos.

El conflicto es una parte normal de cualquier familia, y es importante saber manejarlo bien para mantener un hogar sano y en paz. Como líder audaz, actúe como mediador imparcial en los desacuerdos y fomente un discurso transparente y la comprensión mutua. Enséñele a su familia estrategias saludables y efectivas para resolver problemas, como escuchar activamente, hacer concesiones y buscar soluciones beneficiosas para todos. Además, diga la verdad y enseñe a su familia a hacer lo mismo. Vivir una mentira eventualmente, morirá.

Liderando la comunidad

Al igual que con el liderazgo en otras áreas de la vida, liderar comunidades requiere habilidad y carácter para inspirar y dirigir a las personas hacia una visión compartida. Un líder comunitario debe ser capaz de navegar por las complejidades, involucrar a diversas partes interesadas e impulsar a la comunidad hacia adelante con decisiones valientes.

El liderazgo valiente de la comunidad requiere una visión clara y determinación para tomar decisiones audaces para el avance. Un líder valiente desafía sin miedo el *statu quo*, imaginando un futuro más brillante y aprovechando el potencial de la comunidad. Al articular y compartir esta visión, motiva a otros a contribuir activamente al desarrollo de la comunidad.

La resistencia al cambio plantea un obstáculo significativo para el liderazgo valiente de la comunidad. El cambio a menudo interrumpe las normas y rutinas establecidas, lo que hace que los miembros de la comunidad sientan temor e incertidumbre. Sin embargo, un líder valiente reconoce que el cambio es necesario para el crecimiento y el desarrollo. Comunica de manera efectiva la necesidad de cambio, aborda inquietudes y ofrece tranquilidad. Al involucrar a los miembros de la comunidad en el proceso de toma de decisiones y solicitar sus aportes y comentarios desde el principio, un líder puede cultivar un sentido de propiedad colectiva y responsabilidad por la transformación de la comunidad.

Desarrollar confianza y credibilidad es otro aspecto crucial del liderazgo comunitario. Las comunidades sólidas se construyen sobre una base de confianza. Un líder valiente debe exhibir honestidad, apertura y consistencia en sus acciones. Mantiene sus compromisos, considera las necesidades de los miembros de la comunidad y actúa en el mejor interés de la comunidad. Al cultivar la confianza, un líder crea un ambiente de apoyo donde los miembros de la comunidad se sienten valorados y empoderados para contribuir con sus ideas y talentos.

Las comunidades están formadas por personas con diversos antecedentes, perspectivas e intereses, y participar en este contexto requiere un liderazgo audaz. Un líder audaz comprende la importancia de la inclusión y se esfuerza activamente por involucrar a todos los miembros de la comunidad en los procesos de toma de decisiones. Al aceptar la diversidad y fomentar un entorno inclusivo, un líder puede aprovechar el conocimiento colectivo y las experiencias de la comunidad, lo que lleva a soluciones más innovadoras y efectivas. Además, las iniciativas de participación de la comunidad, como reuniones públicas, grupos focales y foros comunitarios, pueden facilitar el diálogo abierto y la colaboración.

La comunicación efectiva es esencial para guiar audazmente a la comunidad. Un líder valiente debe ser hábil para transmitir la visión, los objetivos y las expectativas de manera clara y concisa a los miembros de la comunidad. Esto requiere escuchar atentamente las preocupaciones de la misma, difundir información oportuna y precisa y adaptar los estilos de comunicación para las diversas audiencias. Cada voz importa.

Un líder comunitario valiente también debe enfrentar los problemas difíciles. Los problemas sociales, las disparidades económicas y las preocupaciones ambientales son solo algunos de los muchos desafíos que enfrentan las comunidades. Un líder valiente aborda estos problemas con determinación, buscando soluciones innovadoras y sostenibles. Colaboran con miembros de la comunidad, organizaciones y entidades gubernamentales para tratar inquietudes apremiantes y promover un cambio positivo. Esto puede implicar abogar por reformas de políticas, iniciar proyectos impulsados por la comunidad o movilizar recursos para apoyar iniciativas comunitarias. Un consejo mientras lidera comunidades: sea honesto, opere con respeto, integridad, generosidad, humildad; trabaje para generar confianza y muestre el corazón de un líder servidor.

Reconocer la importancia del aprendizaje continuo y la superación personal garantiza que un líder audaz se mantenga informado sobre las tendencias emergentes, las mejores prácticas y las necesidades de la comunidad. Busque activamente oportunidades de desarrollo profesional, como conferencias, seminarios y funciones de creación de redes. Al invertir en su crecimiento, un líder aumenta su capacidad para guiar a la comunidad con confianza, adoptando nuevas ideas y enfoques para la construcción de la comunidad. Al liderar una comunidad, siempre debe tratarse de lo que hay para nosotros (WIIFU, por sus siglas en inglés). Si está liderando en función de lo que hay para mí (WIIFM, por sus siglas en inglés), su liderazgo no se mantendrá ni será respetado.

IX
LIDERANDO AUDAZMENTE A TRAVÉS DEL SERVICIO Y SACRIFICIO

"Hay un gran gozo en liderar con autoridad, que es servir a los demás satisfaciendo sus necesidades legítimas". —James C. Hunter.

El liderazgo extiende su alcance a todas las facetas donde se siente nuestra influencia, abarcando las esferas de la familia, el trabajo, la comunidad y la política. En su corazón se encuentra un principio fundamental: liderar de manera efectiva requiere abrazar las virtudes de un servidor y hacer sacrificios de buena manera. Esta idea está profundamente arraigada en las enseñanzas de Jesucristo, como se dijo en los apartes s anteriores, en las que encarnó las cualidades de un siervo y demostró el arte del sacrificio a lo largo de su existencia terrenal. Los líderes están llamados a seguir su ejemplo priorizando las necesidades de los demás, actuando con humildad y voluntariamente haciendo sacrificios. Jesucristo, quien era el Hijo de Dios, entregó gustosamente su gloria para servir a la humanidad. Lavó los pies de sus seguidores, ayudó a los pobres y luego entregó su vida en la cruz, ofreciendo salvación a todos. Se alienta a los líderes a seguir el ejemplo de Jesús de tener un corazón de siervo y estar dispuestos a ayudar a aquellos a quienes lideran, incluso si eso significa ponerse en un inconveniente o en peligro.

Jesús es nuestro ejemplo definitivo

En el corazón del liderazgo se encuentra la humildad, de la que hablé anteriormente en la sección 2. Los líderes deben abrazar de todo corazón la priorización de los deseos y el bienestar de los demás sobre sí mismos sin renunciar al cuidado propio. Lideran con un deseo sincero y desinteresado de servir, sabiendo que la verdadera grandeza proviene de servir a los demás sin esperar nada a cambio. La misión de un líder es cuidar constantemente de aquellos a quienes sirve, atendiendo sus necesidades físicas, mentales y espirituales. Esto podría incluir la enseñanza, el asesoramiento y el cuidado y la orientación espiritual, y el fomento de una cultura de cuidado, confianza y compasión dentro de sus comunidades.

Así como Cristo dio su vida por el mundo, los líderes están llamados a amar a quienes lideran, de manera similar. Este amor se muestra a través de una preocupación desinteresada por los demás, el perdón y la voluntad de renunciar a las comodidades personales, por la felicidad y el crecimiento de los demás. Para lograr esto, los líderes deben preocuparse genuinamente por cada persona que lideran, esforzándose por comprender sus problemas, luchas y esperanzas. Al comprender por lo que otros están pasando, los líderes pueden brindarles el apoyo y la dirección que necesitan para atravesar la vida. Hacer esto cuando tenga sus propias luchas, requerirá audacia.

Servir y sacrificarse como líder significa dar un buen ejemplo. Como líder, debe modelar los mismos comportamientos que desea ver en aquellos a los que lidera: mostrar humildad, amor desinteresado, honestidad y bondad en sus propias vidas. Al hacerlo, inspira y motiva a otros a adoptar estas virtudes e integrarlas en su propio camino de liderazgo.

Los líderes audaces adoptan el principio del liderazgo de servicio al tomar decisiones, considerando cuidadosamente cómo sus elecciones impactan el crecimiento y el bienestar de aquellos bajo su guía. Esto puede significar tomar decisiones desinteresadas que antepongan el bien mayor, incluso si se trata de un costo personal. En lugar de buscar más poder o prestigio para sí mismos, los líderes de servicio optan activamente por oportunidades que elevan y empoderan a otros.

El mejor modelo de un líder servidor es Jesucristo, en mi opinión. Durante su tiempo en la tierra, trató a las personas con humildad, amabilidad y desinterés, cambiando la visión establecida del liderazgo. Sus hechos hablaron más fuerte que sus palabras, y les mostró a sus seguidores cómo vivir. La misión de Jesús estuvo marcada por el hecho de que se preocupaba profundamente por cada persona que encontraba, atendiendo sus necesidades físicas, emocionales, mentales y espirituales con amor incondicional. Siguiendo el ejemplo de Jesús, es importante desarrollar compasión y empatía por aquellos a quienes se nos asigna liderar, demostrando sinceramente que nos preocupamos por sus necesidades y que estamos listos para ayudarlos y apoyarlos a medida que crecen y viajan por la vida. Jesús dedicó tiempo y energía a capacitar, asesorar y ayudar a las personas a mejorar. Fue amable con los marginados y enseñó a sus seguidores cómo vivir. Como líder, puede seguir el ejemplo de Jesús buscando oportunidades para ayudar y animar a quienes lo rodean, realizando actos considerados, respetando las opiniones de su equipo, ofreciendo orientación cuando sea necesario y asegurándose de que todos se sientan valorados e incluidos.

Además, el amor de Jesús por las personas se ejemplificó en el máximo sacrificio: dar su vida en la cruz para redimir a la humanidad del pecado. Como líderes siervos, podemos aprender del amor desinteresado de Jesús estando dispuestos a hacer sacrificios personales por el bien de aquellos a quienes dirigimos. Esto podría significar renunciar a nuestro tiempo, comodidad o deseos personales para ayudar y alentar a los demás.

Jesús les dio a sus discípulos el poder y las herramientas que necesitaban para llevar a cabo la misión. Se preocupó por su progreso y los ayudó a desarrollar las cualidades y habilidades que necesitarían para convertirse en líderes. Los líderes audaces pueden reflejar este enfoque equipando a los que lideran con las herramientas que necesitan, reconociendo sus talentos y fomentando su crecimiento. Al hacerlo, los líderes permiten que otros alcancen su máximo potencial y tengan un impacto significativo en el mundo.

Volverse abnegado y sacrificado

Una actitud de liderazgo de servicio es una forma poderosa de liderar, anteponiendo los deseos y el bienestar de los demás y esforzándose por hacer lo mejor para el grupo colectivo. Esto crea y establece un entorno de confianza, colaboración y empoderamiento. Esta forma de liderar exige humildad, empatía y un compromiso sincero para empoderar y apoyar a los miembros del equipo.

Desarrollar una actitud de liderazgo de servicio es un viaje transformador que requiere autorreflexión, práctica deliberada y un deseo genuino de marcar una diferencia positiva. Mire lo que valora, lo que lo impulsa, qué tipo de cambio quiere hacer, qué piensa sobre el liderazgo y por qué quiere liderar. La autorreflexión lo ayuda a aprender más sobre sus fortalezas, debilidades y áreas donde se necesita crecimiento. Este proceso sienta las bases para seguir los ideales del liderazgo de servicio.

La humildad es un componente esencial del liderazgo de servicio que nos exige dejar de lado nuestro ego y adoptar una mentalidad centrada en el servicio y el crecimiento. El verdadero liderazgo se trata de satisfacer las necesidades de los demás en lugar de establecer autoridad o buscar el reconocimiento personal. La humildad nos permite abordar nuestros roles con una mente abierta, reconociendo los talentos y las perspectivas de los miembros de nuestro equipo. Significa ofrecer recursos esenciales, orientación y oportunidades de crecimiento para ayudar a los miembros del equipo a prosperar y alcanzar el éxito.

Cultivar la empatía y la compasión es importante para el liderazgo de servicio. Los líderes deben buscar activamente comprender las experiencias, los sentimientos y los desafíos que enfrentan los miembros de su equipo. Escuchar activamente, mostrar una preocupación genuina y brindar apoyo, cuando sea necesario, fomenta una cultura de confianza y fortalece el vínculo entre los líderes y sus equipos, empoderándolos.

Escuchar activamente es una habilidad fundamental en el liderazgo de servicio. Los líderes deben participar en una escucha atenta e ininterrumpida para comprender plenamente las opiniones y preocupaciones de los demás. La escucha activa demuestra respeto y valida las experiencias de los miembros del equipo, fomentando la comunicación exitosa, la colaboración y la resolución efectiva de problemas.

Los líderes servidores construyen una cultura de colaboración y cooperación. Fomentan la comunicación abierta, invitan a diversos puntos de vista y brindan oportunidades para que otros ofrezcan sus talentos y habilidades únicos. La colaboración desarrolla un sentido de aprecio y participación entre los miembros del equipo, lo que lleva a una mayor productividad e innovación. Fomentar deliberadamente la colaboración infunde un sentido de propiedad conjunta y éxito.

Los líderes que están dispuestos a hacer sacrificios por el bien de aquellos a quienes lideran, se denominan líderes "sacrificiales". Esto puede implicar renunciar a tiempo personal, dinero o, incluso, oportunidades de desarrollo profesional. Los líderes sacrificados están listos para hacerse a un lado y dar crédito a los demás cuando sea necesario. Son expertos en delegar tareas y tomar decisiones que son mejores para el grupo, no solo para ellos mismos.

X
DESCIFRANDO LA VOLUNTAD DE DIOS PARA SU LIDERAZGO

"Si eres ignorante de la palabra de Dios, siempre serás ignorante de la voluntad de Dios". —Billy Graham.

En algún momento de su vida, probablemente tuvo que tomar una gran decisión y no estaba seguro del curso de acción correcto. ¿Debería casarse con la persona con la que está saliendo? ¿Debería aceptar ese trabajo en otra ciudad? ¿A qué escuela debería ir? ¿Debería adoptar un bebé? Si bien la Biblia proporciona una guía clara sobre ciertos asuntos como dar gracias, evitar la inmoralidad sexual y hacer el bien, no siempre ofrece respuestas específicas a decisiones más personales, como cuándo comprar una casa o si debe volver a la escuela, entre otras cosas. Sin embargo, proporciona orientación.

A veces deseamos que Dios simplemente escriba su voluntad en la pared o nos diga en voz alta qué hacer. Pero en muchos casos, Dios no revela sus planes para nuestras vidas de manera tan abierta. En cambio, Él quiere que lo busquemos diligentemente para discernir su voluntad para nuestras vidas.

Jesús dijo: "Mas buscad primeramente el reino de Dios y su justicia, y todas estas cosas os serán añadidas".

(Mateo 6:33). En Colosenses, Pablo ofreció una sincera oración por la iglesia de Colosas: "Por lo cual también nosotros, desde el día que lo oímos, no cesamos de orar por vosotros, y de pedir que seáis llenos del conocimiento de su voluntad en toda sabiduría e inteligencia espiritual, para que andéis como es digno del Señor, agradándole en todo, llevando fruto en toda buena obra, y creciendo en el conocimiento de Dios". (Colosenses 1:9-10). Dios establece profundamente que el proceso por el cual lo buscamos es tan importante como las respuestas que él da. A medida que damos pasos de fe y aprendemos a seguir a donde él nos lleva, nos embarcamos en un viaje transformador de crecimiento espiritual, acercándonos cada vez más a él. Aunque el proceso puede no ser siempre fácil, al final, vale la pena.

Cuando la Biblia habla de la voluntad de Dios, generalmente se refiere a una de dos cosas: la voluntad soberana de Dios o la voluntad preceptiva de Dios. La voluntad *soberana* de Dios simplemente significa que su voluntad siempre se cumple, pase lo que pase. A veces se refiere a ella como la voluntad absoluta de Dios. Cuando Dios dice que algo va a suceder, sucede. Por ejemplo, la muerte sacrificial de Jesús en la cruz por los pecados del mundo fue una parte irrevocable de la voluntad soberana de Dios. Nadie podría haberlo detenido.

Cuando nos enfrentamos a tomar decisiones importantes, podemos animarnos en el hecho de que se haga la voluntad de Dios. A medida que buscamos y confiamos fervientemente en Dios, cumpliendo fielmente sus principios, es posible que nos encontremos tomando decisiones que parecen inciertas en el presente. Como Pablo expresó en Romanos 8:38-39, "Por lo cual estoy seguro de que ni la muerte, ni la vida, ni ángeles, ni principados, ni potestades, ni lo presente, ni lo por venir, ni lo alto, ni lo profundo, ni ninguna otra cosa creada, puede separarnos del amor de Dios que es en Cristo Jesús Señor nuestro".

La voluntad *preceptiva* de Dios abarca lo que Él desea para nosotros y lo que nos instruye que hagamos. La Biblia brinda orientación sobre numerosos asuntos, presentando mandatos específicos; sin embargo, Dios también nos otorga la libertad de elegir si obedecer su guía o no. Si bien no todas las situaciones de la vida tienen un mandato preciso en las escrituras, comprender la naturaleza de Dios a través de sus palabras y directrices específicas, nos permite buscar su voluntad en cualquier circunstancia. Cuando sabes lo que Dios quiere que hagas, puedes elegir hacerlo o no, pero Dios permanece en control.

Como líderes e individuos, Dios nos llama a ser fructíferos y multiplicarnos. Específicamente, Génesis 1:28 dice: "Entonces los bendijo Dios, y les dijo: Fructificad y multiplicaos; llenad la tierra y sojuzgadla; y tened dominio sobre los peces del mar, sobre las aves del cielo, y sobre todas las bestias que se mueven sobre la tierra". Esto nos anima y nos recuerda a cada uno de nosotros que no solo estamos aquí para liderar, sino también para hacer crecer a otros. Guiarlos y ayudarlos a seguir los preceptos de Cristo.

Completa sumisión, obediencia y rendición

Algunos pueden pasar décadas tratando de descifrar su llamado o propósito, y haciendo la pregunta: "¿Por qué estoy aquí?". Creo que cada uno de nosotros estamos llamados o destinados a una tarea particular. Algunas personas, sin embargo, pueden decidir que quieren ser como otra persona o quieren lo que otra persona quiere. Me pregunto si estas personas alguna vez se detienen a preguntar cuál es la voluntad de Dios para su vida. Es importante asegurarse de estar abierto y listo para aceptar cualquier llamado que pueda tener. Algunos pueden negarse a someterse, obedecer o rendirse al llamado cuando este no es lo que imaginaban. Es natural tener preferencias personales o deseos por un resultado específico. Reconozca su deseo y reflexione sobre por qué puede sentirse atraído por una elección particular sobre otras. No se apresure a asumir que sus ideas, deseos y metas son de Dios.

"Deléitate también en el Señor y él te concederá los deseos de tu corazón". (Salmo 37:4). Este texto no significa que siempre obtendrá lo que quiere. Más bien, debe permanecer consciente de sus sentimientos y deseos cuando está tratando de hacer lo que Dios quiere. Él le ha dado sentimientos y deseos, por lo que es importante que le preste atención. Pero no debe permitir que se interpongan en el camino de la voluntad de Dios para usted.

Evite la tentación de esforzarse por agradar a todos a costa de abandonar la voluntad de Dios. Tenga cuidado, "agradar a la gente", definitivamente, lo alejará de la voluntad de Dios. Si bien es crucial considerar cómo sus decisiones pueden afectar a los demás, priorizar la felicidad de los demás por encima de la dirección de Dios, puede desviarlo. Seguir a Dios no siempre hará felices a los demás, así que prepárese para que le rechacen o para que otros se sientan decepcionados cuando haga lo que Dios quiere.

Rendirse a Dios es confiar completamente en sus propósitos y línea de tiempo. Como líder, rendirse a Dios implica renunciar a la necesidad de un control absoluto y, en cambio, depender de su provisión y guía infalibles, abrazando por completo su divina providencia. Rendirse a Dios implica alinear sus valores, ideales y enseñanzas con los de Dios. Requiere tratar de discernir sus intenciones y deseos a través de la oración ferviente, el estudio diligente de la Biblia y el buen consejo. Los líderes rendidos tienen como objetivo honrar a Dios y promover sus metas a través de su liderazgo, poniendo la voluntad de nuestro Señor por encima de la de ellos.

La palabra de Dios

"Tu palabra es una lámpara para guiar mis pies y una luz para mi camino". (Salmo 119:105). Cuando tome una decisión, debe alinearse con lo que Dios ha revelado en la Biblia y no debe ir en contra. A medida que estudie la Biblia, profundizará su comprensión del carácter de Dios y sus deseos para su vida. Aquí es donde reside la verdad.

La Biblia está llena de profundos conocimientos y percepciones que van más allá de lo que se puede entender con solo el esfuerzo humano. Ofrece consejos sobre liderazgo, relaciones, finanzas y más. Use la Biblia ahora para buscar sabiduría y guía en la toma de decisiones. Las enseñanzas de la Biblia pueden servir como una guía valiosa para los líderes audaces que buscan ampliar su comprensión más allá de lo que solo sus mentes y experiencias pueden ofrecer. La Palabra de Dios cuenta las historias de valientes líderes que superaron situaciones difíciles e hicieron cosas asombrosas. Al observar las vidas de líderes como Moisés, David, Ester y Jesús, puede inspirarse para liderar bien, tener fe y continuar avanzando, incluso, cuando las cosas se ponen difíciles.

Liderar puede ser desafiante y exigente, requiere resiliencia y determinación. Durante tiempos difíciles, la

Palabra de Dios ofrece esperanza, guía, verdad y fortaleza. Les asegura a los líderes que Dios está con ellos en cada paso del camino, brindándoles ayuda espiritual, consuelo y optimismo renovado.

XI

ORAR AUDAZMENTE

"Cuando sepa que tiene el favor de Dios, hará oraciones audaces, tendrá grandes sueños y esperará que sucedan grandes cosas". —Joel Osteen.

Orar con valentía no es para los débiles de corazón. No hay necesidad de sentirse avergonzado o débil por elegir venir confiadamente al trono de la gracia. Ya sea en tiempos de necesidad o de abundancia, tienes el privilegio de presentarte ante Dios en cualquier momento. Al buscar la voluntad de Dios, los líderes deben priorizar la oración. Es un instrumento efectivo para comunicarse con Él, buscar su dirección divina y alinear sus acciones con su propósito. A través de la oración, establece una línea directa de comunicación con el Todopoderoso, fomentando un vínculo cercano e íntimo entre ambos. Hebreos 4:16 nos anima a "acercarnos confiadamente al trono de la gracia, para alcanzar misericordia y hallar gracia para el oportuno socorro".

A través de la oración, los líderes pueden invitar activamente la presencia divina y la guía de Dios en su viaje de liderazgo al expresar su deseo sincero de guiar de acuerdo con su voluntad. Los líderes pueden buscar la sabiduría y el discernimiento de Dios, presentando sus problemas, elecciones y conflictos ante él en la soledad de la oración. Al buscar humildemente la guía de Dios, los líderes pueden tomar decisiones sabias que se alineen con su voluntad, lo que lleva a un liderazgo más eficaz y moralmente sólido.

A través de la oración, los líderes pueden comprender mejor sus objetivos al conectar sus aspiraciones con los propósitos de Dios. Renuncian voluntariamente a sus planes y buscan la dirección del Creador para sus posiciones de autoridad, discerniendo si sus objetivos se alinean con sus propósitos divinos o requieren ajustes.

La oración aumenta la fe y la confianza de los líderes en Dios, lo que a su vez aumenta su eficacia. Cultiva un fuerte sentido de dependencia de Dios al servir como un recordatorio de su poder y soberanía. A través de la oración, los líderes desarrollan una confianza firme en la dirección y provisión de Dios, y se consuelan al saber que un poder mayor está detrás de su liderazgo. Esta fe y confianza inquebrantables empodera a los líderes para actuar con valentía y determinación, incluso frente a desafíos formidables.

Dios a veces se comunica a través de impulsos internos, intuición o una voz suave y apacible. Los líderes deben crear un lugar tranquilo dentro de sí mismos y permanecer atentos a estos suaves empujones. Prestar atención a estos empujones sutiles, sentimientos fuertes y convicciones profundas, puede proporcionar una valiosa perspectiva para comprender lo que Dios quiere que haga mientras lidera. Estos empujones pueden surgir al orar, pensar o, incluso, al realizar su vida diaria.

Al discernir lo que Dios quiere, también es importante hablar con maestros espirituales, mentores o miembros del clero de confianza que posean conocimientos y experiencia y puedan ofrecer valiosos consejos. Los líderes pueden beneficiarse enormemente de su sabiduría y conocimientos al compartir abiertamente sus desafíos y aspiraciones de liderazgo. Buscar el consejo de personas firmemente arraigadas en su fe puede proporcionar claridad y dirección en el camino hacia un liderazgo piadoso.

Los líderes deben cultivar la voluntad de escuchar comentarios y críticas útiles. Dios puede usar a otras personas para mostrarle cosas que de otra manera no hubiera visto. Los comentarios de los compañeros de trabajo, los miembros del equipo y las personas que se ven afectadas por sus elecciones de liderazgo, pueden servir como una herramienta valiosa para comprender lo que Dios quiere. Al fomentar una actitud humilde y buscar comentarios de forma activa, los líderes crean un entorno propicio para el crecimiento y la corrección del rumbo. Termino con este versículo que siento que habla por sí solo: “pero si mi pueblo, que lleva mi nombre, se humilla y ora, busca mi rostro y se aparta de su conducta perversa, yo oiré desde el cielo, perdonaré sus pecados y restauraré su tierra”. (Crónica 7:14).

XII

DEJANDO UN LEGADO

"Tu legado nunca es una sola cosa; es cada vida que tocas. La impresión, la energía y el espíritu de ti mismo que ofreces a cada vida que tocas". —Oprah Winfrey.

Cuando una persona habla de dejar un legado, generalmente se refiere al impacto duradero que alguien tiene y que va más allá de su vida. Estas personas que tienen un impacto positivo dejan recuerdos preciados en los corazones de aquellos a quienes han ayudado en el camino. La mejor manera de gastar nuestra vida es en cosas que durarán más que nosotros. Sus acciones influyen profundamente en cómo le perciben los demás. Recordarán su honestidad, su respeto, su confiabilidad y los principios que defiende cuando vive alineado con un sólido código de conducta, ética, principios y valores. Como dice la famosa cita atribuida a Maya Angelou: "He aprendido que la gente olvidará lo que dijiste, la gente olvidará lo que hiciste, pero la gente nunca olvidará cómo los hiciste sentir".

Por lo tanto, la forma de dejar un gran legado como líder es grabar su nombre en el corazón y la mente de los demás a través de sus buenas obras y acciones. El carácter juega un papel fundamental en el liderazgo. En lugar de obsesionarse con su reputación, concéntrese en ser una persona auténtica y virtuosa. Su reputación es lo que los demás piensan de usted, mientras que su carácter es quien realmente es. Si se enfoca en ser una buena persona y liderar con integridad, su reputación como líder se cuidará sola.

A lo largo de la vida, numerosas decisiones dan forma al legado que dejamos atrás. Esfuércese por hacer siempre lo mejor posible, tome decisiones acertadas siempre que sea posible, admita sus errores y aprenda de los errores que cometa. Su reputación como líder se verá profundamente influenciada por las decisiones que tome en el camino. Al tomar decisiones éticas y compasivas de manera constante, puede crear un legado que tenga un impacto positivo en la vida de los demás mucho después de que se haya ido de este mundo.

El legado de liderazgo de Jesús

Anteriormente revisamos que Jesucristo, uno de los líderes más influyentes y perdurables de la historia, modeló el liderazgo de servicio. Lavó los pies de los discípulos, demostrando su humildad y desinterés. Su modelo de liderazgo de servicio continúa motivando a los líderes a poner primero el bienestar y el avance de aquellos a quienes lideran. El amor y la compasión fueron temas centrales de su mensaje, enfatizando la importancia de priorizar la dignidad de todos los individuos, la empatía, la bondad y la inclusión. Lo demostró al llegar a los marginados, sanar a los enfermos y cuidar a los pobres y oprimidos.

La visión y el propósito de Jesús para su liderazgo eran muy claros. Proclamó el reino de Dios y llamó a la gente a un nivel de vida más alto caracterizado por la justicia, la paz y la reconciliación. La visión de Jesús trascendió las convenciones sociales y se centró en la transformación espiritual y la vida eterna que continúa guiando a los líderes a tener un propósito apremiante y una visión que trasciende las condiciones inmediatas.

El viaje de Jesús como líder estuvo marcado por la tenacidad y la fortaleza frente a notables obstáculos y oposición. A pesar de sufrir persecución, rechazo y traición, permaneció comprometido con su misión. Su resiliencia y tenacidad frente a la adversidad sirven como un poderoso modelo para que los líderes perseveren en sus misiones. El liderazgo y las enseñanzas de Jesús han moldeado culturas, influido en la ética e inspirado a miles de millones en todo el mundo, convirtiendo al cristianismo en la religión más grande del mundo.

El legado de liderazgo de Nehemías

Nehemías, un destacado líder bíblico, ejemplifica un liderazgo perdurable con su visión clara y su inquebrantable sentido de misión. El liderazgo y la influencia de Nehemías se describen en el libro del Antiguo Testamento con el mismo nombre. Nehemías recibió la carga y la orden de Dios de reconstruir los muros de Jerusalén, que estaban en ruinas. La dedicación inquebrantable de Nehemías para restaurar la dignidad, la seguridad y la reverencia de la ciudad inspiró a la gente y encendió un sentido de misión compartida. La excepcional planificación estratégica de Nehemías, la evaluación meticulosa de la situación y la organización integral de equipos para el proyecto de reconstrucción, facilitaron un progreso eficiente, superando obstáculos y oposición. Sus habilidades de comunicación efectiva, su entusiasmo y su capacidad para abordar inquietudes, unieron a la gente a su visión, fomentando un sentido de unidad y dedicación.

Nehemías entendió la importancia de empoderar y equipar a otros al delegar responsabilidades basadas en sus habilidades, fomentando la propiedad y el trabajo en equipo. El enfoque adoptado por Nehemías permitió que cada individuo contribuyera con sus habilidades y capacidades únicas, fomentando un sentido de propiedad y trabajo en equipo. Nehemías encontró varias formas de oposición de enemigos externos que intentaron frustrar el proyecto de reconstrucción. A pesar de enfrentarse a la oposición externa, demostró resiliencia al responder a la oposición con sabiduría, confiando en la guía y fortaleza de Dios.

El liderazgo de Nehemías se extendió más allá de la reconstrucción de los muros de Jerusalén, abarcando un compromiso con la justicia y el bienestar social. Abordó temas de injusticia social y desigualdad económica, mostrando una preocupación genuina por el bienestar de su pueblo. Arraigado en su fe y devoción a Dios, Nehemías buscó la guía divina a través de la oración y el ayuno. Su obediencia a los mandatos de Dios y su compromiso de defender la Ley de Moisés ejemplificaron el liderazgo espiritual e inspiraron una renovada devoción a Dios entre la comunidad. Más allá de los muros reconstruidos de Jerusalén, el legado de Nehemías incluye una comunidad unida y una devoción a Dios, inspirando a las generaciones futuras a través de su previsión, planificación estratégica, tenacidad y fe inquebrantable.

Su legado se extiende más allá de un solo logro; abarca mucho más. Implica el profundo efecto que usted tiene en la vida de los demás y la huella duradera que deja en sus corazones y mentes. Su legado es la suma de las vidas que toca, las personas que inspira y las relaciones que establece. No se trata solo del éxito material o de las cosas que deje atrás; trasciende las posesiones y los honores mundanos. Reside en la impresión de generosidad, compasión y autenticidad que deja en aquellos con los que se encuentra. Cada interacción es una oportunidad para inspirar, animar e infundir energía positiva en la vida de alguien. Su positividad, ya sea a través de una sonrisa, una palabra amable o una mano amiga, puede impactar profundamente el día, las decisiones y el futuro de otra persona. Considere a aquellos que han tocado su vida y dejado una impresión duradera: podría ser un maestro que creyó en usted, un mentor que lo guio o un amigo que estuvo a su lado en tiempos difíciles. Asimismo, su legado es la esencia intangible de quién es y el impacto que tiene en los sentimientos y experiencias de los demás. Es cómo hace sentir a los demás, cómo los empodera para aprovechar su potencial y cómo los inspira a creer en sí mismos.

Su legado no se limita a hazañas o logros monumentales. Está igualmente presente en los pequeños actos de compasión y bondad que realiza a diario. Su interés genuino en el bienestar de los demás, la empatía durante los momentos difíciles y las palabras edificantes dejan un impacto duradero en sus espíritus. Recuerde que su legado se extiende más allá de un grupo pequeño; abarca cada vida que toca, ya sea a través de relaciones personales, trabajo o participación en la comunidad. Cada interacción tiene un efecto en cascada que va mucho más allá de su conciencia. Por lo tanto, a medida que realiza sus actividades diarias, tenga en cuenta el significado de cada interacción, considere la energía y el espíritu que aporta. Su legado es la impresión que deja en cada corazón y mente que encuentra. Es importante aprovechar cada oportunidad para impactar vidas y marcar la diferencia. Su legado es la suma de las vidas que ha tocado, un testimonio magnífico y perdurable del poder de la conexión humana.

Dejando un legado duradero

Cuando aclara los principios y valores fundamentales que rigen sus acciones y decisiones, deben alinearse con aquello por lo que desea ser conocido. Comprender sus valores ayudará a determinar el curso de su legado. Establezca objetivos significativos que reflejen sus valores y la visión de su legado que, a su vez, le proporcionarán una hoja de ruta clara para la acción. Los objetivos pueden ser profesionales, personales o relacionados con una causa o comunidad en particular. Su legado se define en última instancia por el impacto positivo que tiene en la vida de los demás. Así que busque oportunidades para marcar una diferencia positiva, ya sea a través de actos de compasión, tutoría o apoyando causas que sean significativas para usted. Fomente conexiones y relaciones significativas con otros y comparta su conocimiento y sabiduría para contribuir a su desarrollo. Ya sea a través de la tutoría, la enseñanza o la escritura, esté dispuesto a compartir sus experiencias, conocimientos y conocimientos. Sea un ejemplo de integridad, autenticidad y resiliencia, viviendo de acuerdo con sus valores y principios. Sus acciones y decisiones inspirarán e influirán en los demás, sirviendo como modelo a imitar.

Participe activamente en su comunidad y apoye causas que se alineen con sus valores. Participe en organizaciones benéficas, ofrezca su tiempo y recursos como voluntario y participe en iniciativas que aborden cuestiones sociales, ambientales o culturales. Contribuir más allá de su esfera de influencia inmediata amplía el alcance y la influencia de su legado. Una fuerzas con personas, grupos o iniciativas de ideas afines para dejar un legado colectivo que es más significativo que cualquier cosa que pueda lograr por su cuenta.

Comprometerse con el desarrollo personal y profesional continuo, aceptar nuevas experiencias y aprender de los éxitos y fracasos, aumenta su capacidad para tener un impacto significativo y duradero. Documente sus experiencias y perspectivas de vida para compartir su historia y preservar su legado para las generaciones futuras. Esto puede incluir revistas, memorias e incluso, plataformas digitales. Cultive la gratitud y la generosidad, mostrando aprecio y retribuyendo a los demás. Recuerde que dejar una impresión duradera requiere esfuerzo continuo, constancia y determinación. Retribuir, ya sea a través de actos de caridad, filantropía o compartiendo su tiempo y talentos, demuestra generosidad.

ANOTACIONES FINALES

A lo largo de mi viaje de liderazgo audaz, he experimentado un tremendo desarrollo, descubrimiento y transformación. Estoy profundamente agradecida por las oportunidades y los desafíos que me han ayudado a ser la líder que soy hoy. Sigo siendo un trabajo en progreso, entendiendo que hay más aprendizaje y crecimiento por venir. Sin embargo, seguiré comprometida a adoptar la audacia frente al cambio y la incertidumbre. Dentro de estos apartados, he compartido valiosas lecciones aprendidas, tanto de los éxitos como de los fracasos de líderes audaces, y los conceptos rectores que espero puedan ayudarlo a lo largo de su viaje de liderazgo audaz. Espero que haya captado los temas recurrentes en cada faceta del liderazgo.

El liderazgo audaz requiere una combinación de valor, resiliencia, fortaleza y un compromiso inquebrantable con la excelencia. Es un viaje que frecuentemente pone a prueba su fe. A través de mis propias experiencias, he llegado a comprender que ser una líder valiente no se trata de buscar la fama o el poder, sino de vivir una vida consciente con un propósito que glorifica a Dios.

Adoptar un liderazgo audaz significa adentrarse en lo desconocido, atreverse a cuestionar el *statu quo* y aventurarse más allá de los límites de la familiaridad y la comodidad. En mi búsqueda, descubrí el valor de tener confianza en mí misma y la capacidad de inspirar a otros para que se den cuenta de su potencial sin explotar, independientemente de dónde los haya llevado su viaje de liderazgo hasta el momento. Liderar con valentía implica tener la audacia de soñar en grande, aspirar a un futuro que va más allá de lo que puede ver o creer que es posible hoy, y perseguir tenazmente esa visión con una determinación inquebrantable.

El liderazgo audaz implica fomentar la cooperación, construir equipos sólidos y empoderar a cada miembro del equipo para que tenga la libertad de desarrollar todo su potencial. Implica crear una cultura donde se acepten diversos puntos de vista, donde todos se sientan incluidos y valorados, y donde florezcan la creatividad y la innovación.

He aprendido que tomar riesgos y aceptar el fracaso son oportunidades de crecimiento y mejora. Es retroalimentación o, como algunos lo llaman, "fallar hacia adelante". Enfrentar obstáculos, aprender de los errores y adaptarse rápidamente a las circunstancias cambiantes son partes integrales de este viaje. El verdadero liderazgo y la resiliencia se desarrollan a través de la navegación por estos desafíos.

Cuando surjan problemas, puede estar seguro de que se agudizará si elige enfrentarlos directamente en lugar de hacer una pausa, tomar atajos o fingir que el problema no está presente. Puede engañarse a sí mismo solo temporalmente. La verdad vivirá y la mentira que crees eventualmente morirá.

Al concluir este libro, me siento humilde y honrada de que Dios me haya elegido para formar líderes. Si bien no pretendo tener todas las respuestas, me consuela saber que Aquel que tiene la fórmula definitiva me está guiando en este viaje de "Lo que dicen y hacen los líderes". Continuaré buscándolo a él y su reino primero, mientras él me guía junto con el recordatorio constante de que nada de lo que hago o digo se trata de mí, sino de una causa mayor. Mi enfoque permanece firme en buscar primero el reino de Dios y su justicia, para que todas las cosas que él ordene sean añadidas. (Mateo 6:33).

Estoy agradecida con todos los que viajaron, me aconsejaron, me animaron y se pararon en la brecha cuando yo misma no podía hacerlo. A mi tribu, ustedes saben quiénes son, su aliento inquebrantable y su fe en mí han alimentado mi pasión y compromiso para continuar escribiendo esta serie de libros, el libro número dos de... No estoy segura de cuántos me veré obligada a escribir. Manténganse al tanto. Juntos hemos superado desafíos, celebrado éxitos y dejado una impresión duradera en el mundo en general.

Que todos los que se atrevan a liderar audazmente encuentren inspiración, apoyo y dirección en este libro. Espero que le brinde la motivación, la orientación, las herramientas y las perlas que necesita para elegir continuamente el camino angosto (también conocido como incomodidad) y no el camino ancho. Elegir el crecimiento sobre la complacencia, apreciar sus fortalezas individuales, abrazar su propósito aquí en la tierra (sí, usted y cada ser humano tiene un propósito) y perseguir sus objetivos sin disculpas.

Le agradezco sinceramente la compra de mi libro y lo invito a unirse a mí en esta increíble aventura de liderazgo audaz. Trabajemos para mejorar y cambiar el mundo, un paso audaz a la vez. Regístrese en www.ilkainternational.com para continuar juntos este viaje de transformación e impacto. —Ilka V. Wilson Vallee.

REFERENCIAS

1. Todas las citas de las Escrituras, a menos que se indique lo contrario, están tomadas de la Biblia *Reina Valera Actualizada*®. Copyright © 2015. Usado con permiso. Reservados todos los derechos.
2. Las citas bíblicas marcadas (AMP) se tomaron de la *Biblia Amplificada*, Copyright © 2015 de La Fundación Lockman. Usado con permiso.
3. Definición de "Audaz". *Ver Merriam-Webster.com*. (2023). Merriam-Webster Incorporated.

Ilka V. Wilson Vallee (anteriormente Ilka V. Chávez) es una de las autoras internacionales más vendidas y una líder ferviente con una amplia trayectoria ayudando a líderes, comunidades y organizaciones a alcanzar su máximo potencial. Ella se ha presentado en muchos escenarios a nivel nacional e internacional. Muchos hablan del compromiso de Ilka en el escenario y del discurso motivacional como cautivadores e inspiradores. Es directora ejecutiva de ILKA International, una organización de consultoría de liderazgo, entrenadora certificada de dominio emocional y de la vida, y oradora, capacitadora y autora inspiradora. Comenzó su empresa como Corporate GOLD (Desarrollo de Liderazgo Organizacional Global) ahora ILKA International. Ella ha pasado más de 30 años en varias posiciones de liderazgo perfeccionando sus habilidades en liderazgo, transformación personal y organizacional. Su capacidad única para ayudar a otros a descubrir al líder que llevan dentro ha demostrado mejorar la calidad de vida, el trabajo y el rendimiento.

Ilka tiene una Maestría en Administración Pública, es una practicante certificada de Lean Six Sigma, una entrenadora certificada de dominio emocional y recibió sus certificaciones Life Mastery y Dream Builder del Brave Thinking Institute.

Ilka es una líder, consultora y entrenadora orientada a los resultados. Su lema es Apréndelo. Vívelo. Compártelo. Conéctese con ella en **www.ilkainternational.com**

Made in the USA
Columbia, SC
30 July 2024

39244962R00063